AF210769

Kustantaja: BoD – Books on Demand, Helsinki, Suomi
Valmistaja: BoD – Books on Demand, Norderstedt, Saksa
ISBN: 978-952-80-1893-3

Hajalla

<u>Kaikille</u> keille lupasin omistaa ensimmäisen kirjani.

Luku 1.

Miksi sinun *ei* pitäisi lukea tätä kirjaa

Miksi – Ihan oikeasti miksi; Miksi
kirjoitan tätä kirjaa? Kysyin tätä kysymystä
itseltäni useasti ennen kuin edes avasin
kannettavani. – Johtuuko se siitä, että olen
kyllästynyt selittämään itseni jokaiselle kenet
tapaan? – Kyllä.. Se voisi olla yksi syistä en
kiellä sitä, mutta suurin syy taitaa olla se
tosiasia, että olen aina halunnut kirjoittaa ja
tulla tunnetuksi kirjailijaksi.

Mainittakoon, että tämä ei ollut se
tarina mitä aioin koskaan kertoa kenellekään –
Mutta vietettyäni monen monta tuntia näytön
takana luoden fiktiivisiä tarinoita toinen
toistensa perään.. Tajusin miten tyhmä

olenkaan ollut.. Ei minun tarvinnut keksiä itselleni hyvää tarinaa.. Olin jo itsessään hyvä tarina – Ainakin uskon itse niin.

Silti suosittelen sinua laskemaan alas tämän kirjan välittömästi. Ei ole mitään syytä miksi uhraisit arvokkaan mielesi minun käsiteltäväkseni. En ole tavallinen. Olen kuin sipuli; minussa on kerroksia. Jotkin asiat mitkä aion kertoa itsestäni saattavat olle häiritseviä – Jos etsit 'kevyttä lukemista'; tämä kirja ei ole paras vaihtoehto.

Luku 2.

Mikä minussa on vialla?

Yhä mukana? Ok. Muista, että varoitin sinua.. Olet taatusti utelias tietämään mikä minussa on vialla.. Minäkin haluaisin tietää sen. Lääkärit eivät osaa selittää sairauksiani (kyllä, sairauksia**ni**) minulle millään selkeällä kielellä. Tiedän vain, että olen vakavasti sairas – Hyvällä tavalla, lääkärini haluavat muistuttaa. Mitä mieltä on olla vakavasti sairas, jos sinua ei voi parantaa? On van loputonta kärsimystä siihen asti kun sinua ei enää ole.. Ei sillä, että kaikki päivät olisivat sieltä mistä päivä ei paista.. Mutta joka ikinen päivä jossain kohtaa.. Päiväsi on sieltä mihin ei paista.

Minulla – Ei, minu**ssa** on jotain
kummallista. Se saa minut tuntemaan kipua.
Loputtomiin asti jatkuvaa kipua. Ihoni alla on
muukalainen, se on levittynyt kaikkialle, ihon
alle, väliin, luihin, lihaan. Muukalaiseni on
levinnyt kaikkialle niskasta alaspäin
varpaisiin; Ei sillä, että invaasio olisi alkanut
niin. Tuntuu kuin minut olisi vallannut
vierasperäinen olento, Muukalainen.
'*Muukalainen*' on valloittanut niin paljon tilaa
itselleen, että minun tekee pahaa olla oman
ihoni sisällä. Ei ole väliä miten monta
kipulääkettä ottaisin, muukalainen ei suostu
lähtemään. Siksi en syö paljoa kipulääkkeitä –
Miksi tuhoisin elimeni siten? Muukalaiseni
vuoksi minun on pakko käyttää erilaisia
tukivälineitä käsissäni ja jaloissani.
Muukalaiseni saa minut näyttämään
Muukalaiselta

Mutta ei siinä vielä kaikki. Minulla on epäkuntoinen sydän -Synnyin sen kanssa. No jos totta puhutaan vika ei rajoitu vain sydämeen. Toinen sairauteni on yhdistelmä vikoja aivojen ja sydämen välillä. Useimmilla keillä on sama diagnoosi sairastavat yleisesti vain versioita, missä vika on rajattu jompaan kumpaan; sydämeen tai aivoihin.. Mutta minä satun olemaan tässä 'onnellisessa eliitissä' keillä vika on molemmissa. Olenpa onnekas.

Joskus rintaani koskee todella kovaa ilman mitään selkeää syytä, toisinaan minua pyörryttää enkä kykene ajattelemaan selkeästi.. Mutta ei siinä vielä kaikki; Saatan koska tahansa menettää tajuni ilman minkäänlaista ennakkovaroitusta. Ei – Minulla *ei ole* epilepsiaa – . Tajuttomuustilat ovat silti kaikkein parasta sairaudessani; ne kestävät vain muutaman sekunnin enkä muista niistä

juuri mitään. Tajuttomuuden jälkeinen tila
puolestaan on jotain mitä todella vihaan.
Tajuttomuustilan jälkeen olen niin sekaisin,
että viimeisin tyyppi kenet näit huumausaineen
vaikutuksen alaisena jää puhtaaksi toiseksi
minun rinnallani – Ja kuitenkin kyseessä on
tila minkä on aiheuttanut aivojeni ja sydämeni
välillä oleva vika.

Jotkut ihmiset tuntuvat tiedostavan
etten ole vain joku narkkari tienposkessa kun
olen tajuton; Vaikka ulkomuotoni saattaakin
sopia siihenkin skenaarioon – Jotkut ovat
kyllin ystävällisiä ja tulevat katsomaan lähelle
huomatakseen, että jotain muuta on tekeillä.
He näkevät valon sisälläni. Uskon
vilpittömästi heidän näkevän *minun* pyytävän
apua – Kiitos teille siitä.

Useimmat eivät tiedä, että kun olen siinä tilassa.. Olen yhä täällä – Lukittuna oman pääni sisälle. Se on kuin katsoisi todella pahaa TV-ohjelmaa rikkinäisestä televisiosta ilman mahdollisuutta vaihtaa kanavaa. Lääkärini ei uskonut minun ensin minun muistavan mitään, mutta onnistuin todistamaan väitteeni hänelle. Se tekee minusta uniikin. Useimmat minun kaltaisistani – Kaikki 50, luulisin? - Eivät omaa kyseistä kykyä. He vain menevät tajuttomiksi ja ovat tavoittamattomissa useidenkin tuntien ajan. Mutta minä olen läsnä ja minä näen teidät.

Olen elänyt sydän ongelmani kanssa koko ikäni.. Olen enimmäkseen sinut sen kanssa. Toinen sairaus.. Se mikä saa minut tuntemaan kipua 24/7.. Sen kanssa minulla on ongelmia. Siltikin; Koko maailma tuntuu

olevan enemmän huolissaan sydämestäni.
Luottakaa minuun -Voin hyvin. Vaikka minulle
ei ole olemassa keinoa pysyä tajuissani; Olen
asian kanssa sinut.

Luku 3.

Ensimmäinen Havainto

Muistan sen päivän jolloin huomasin ensimmäisen kerran että minulla oli toden totta jotain (enemmän) vialla kehossani. Useiden viikkojen ajan tunsin kehossani kihelmöivää kipua. Luulin niitä ensiksi kasvukivuiksi; Ollessani kuuden vanha minulla oli mielettömän pahat kasvukivut jaloissani – Siispä sivuutin koko asian.

Olin juuri tulossa välitunnilta. Olin pelannut jotain kavereideni kanssa ja oikea käteni tuntui todella kipeältä. Huomasin siinä oudon kyhmyn; Siinä kämmenselässä. Nykyisin ihmettelen miten en ollut huomannut sitä aiemmin. Näytin sen, kyhmyn,

luokkatoverilleni – Ei käytetä oikeita nimiä
ollenkaan, sopiiko? Ollaksemme reiluja
kaikille, OK? – Kutsukaamme tätä
luokkakaveria nimellä.. Mark.. Ensim Mark
luuli kyhmyä luuksi, mikä on helposti
näkyvillä kämmenselkäsi alareunassa, ranteen
lähellä – Joku sanoi minulle, että minun tulisi
kertoa teille luun tarkka nimi, mutta kaikki
tietävän leikkiminen ei ole se tapa miten
haluan kertoa tarinani – Mutta kyhmyni oli
vasemmalla, luu on oikealla, tarkista vaikka
itse. Aloin tuntea oloni epämukavaksi. Näytin
kyhmyn opettajalleni, ketä lähetti minut
hoitajalle luullessaan minun satuttaneen itseni
välitunnilla. Hoitaja ei tiennyt mikä kyhmy oli
siispä hän lähetti minut pois. Lähdin kotiin
sisarusteni kanssa ja näytin kyhmyn äidilleni.

Menin tapaamaan lääkäriä seuraavalla viikolla (jos muistaan oikein). Lääkäri oli varma, että hän tiesi mikä kyhmyni on. Sitten oli kaikenlaisia neuloja, testejä ja sen sellaista. No voinen kertoa että hänen arvionsa oli väärä ja hän teki enemmän harmia kuin hyvää (Lääkäri hyvä, jos luet tätä kirjaa haluan sinun tietävän, että olen antanut sinulle anteeksi).

Elämä jatkoi kulkuaan ja outo kyhmy alkoi leviämään; luoden lisää kyhmyjä. Aloin myöskin tuntea kipua mikä vain kasvoi niiden mukana. Ystäväni alkoivat vieraantua minusta – Kyhmyt olivat selkeästi nähtävillä ja useampia ne iljettivät. Tai ehkä olin vain liian vaikea käsitettäväksi – En ollut parasta seuraa jatkuvien kollapsieni kanssa. Teini-ikä ja hormoonit.. Ne eivät sovi sydänongelmaisille.

Muutuin mukavasta pojasta joksikin mikä muistuttaa minua aaveesta (Tarkoitan.. Voin katsoa vanhoja luokkakuvia enkä löydä itsesäni niistä ilman apua – Olen läpinäkyvä itselleni. Jokainen päivä oli vain loputon taistelu selviytymisestä seuraavaan. Lääkärit lakkasivat tutkimasta toista terveydentilan ongelmaani koska sydämeni tila karkasi niin pahasti käsistä. Minut jätettiin säryn sekoittamaan kehooni ilman, että kukaan kiinnitti siihen isompaa huomiota.

Yksin, Olin yksin koko asian kanssa. Tiesin jonkin olevan minussa vialla ja aika ei antanut minulle armoa. Tunsin kehoni olevan tämän oudon voiman runtelema ja olin aseeton sitää vastaan.. Ja miten paljon minua inhottaa myöntääkin sitä – Se outo voima melkein voitti minut.

Kukaan ei ottanut minua todesta ennen kuin kerroin, että kokemani kipu alkoi raastamaan mielenterveyttäni. Kaikki alkoivat kuunnella; Vanhempani, sisarukseni, opettajani, lääkärit.. Muistutin heitä jo lähes unohdetusta löydöstäni minkä olin tehnyt aikaisemmin. Muistutin heitä siitä, ettei siihen oltu vieläkään löydetty mitään nimeä tai syytä. Osoitin heille epäkohdat mitkä he olivat unohtaneet hoitaa koska minun oli jo aika saada tietää mikä minussa oli vialla; Tarvitsin apua.

Testit alkoivat taas. Kaikki lupasivat saada minut kuntoon. He kehuivat minua siitä kuinka hyvin olin tullut toimeen yksin *tämän* kanssa. Oikeasti? – Minulla ei ollut valinnanvaraa! En pysty poistumaan kehostani – Jos pystyisin niin tekisin sen. Odotellessani tuloksia menin ammattikouluun kuvitellen suuria tulevaisuudestani. Lääkärit antoivat minulle ruusunpunaisia (lue: harhaisia) lupauksia tulevaisuuteeni, vannoen suunnitemieni olevan hyviä ja mahdollisia.. Toisena opintovuotenani lääkärini halusi tavata minut.

Se päivä kalvaa minua yhä. Se on yksi niistä hetkistä mitä en usko koskaan voivani unohtaa, tulin sitten miten vanhaksi tahansa. Jostain syystä pystyn vieläkin muistamaan miltä lääkärini huone tuoksui (siruunalle), "Tiedämme mikä sinussa on vialla, mutta emme voi parantaa sinua – **Emme tiedä miten parantaa sinut**" Haluaisin yhä tietää keitä 'me' olivat. Huoneessa oli vain kolme henkilöä. Minä, lääkäri ja äitini (olin rukoillut häntä jäämään käytävälle odottamaan, mutta hän oli vaatinut päästä mukaan kuulemaan diagnoosini). Siinä se. Minulla oli tämä "mahtava" terveyshaitta, sairaus mistä lääkärit eivät tienneet juuri mitään, mutta saisin luvan olla heidän koehenkilönsä sen tutkimiseen – Mahtavaa eikö vain? – Ei se ei ole mahtavaa. Ajattele vähän. Teet vain jonkun toisen kotitehtäviä.

Kävin läpi ammattikouluni tietäen koko ajan, etten ikinä tulisi tekemään opiskelemaani ammattia työkseni. Kehoni ei kestäisi sitä. Aloin pyörtyillä taas enemmän. Luulen sen johtuneen pieni asteisesta masennuksesta. Ammattiin valmistumisen jälkeen pidin välivuoden koska en pysynyt kasassa. Kiitän Luojaa (jos sinulla on jotain Häntä vastaan se on sinun asiasi, minulle Hän on joku kenelle voin puhua pelotta), perhettäni ja ystäviäni heidän tuestaan saadakseni koottua itseni. Menin opiskelemaan uuden ammatin. Nyt yritän epätoivoisesti saada töitä. Se on vaikeaa, koska juuri kukaan ei halua kaltaistani ihmistä omille palkka-listoilleen.

Luku 4.

Perhe on Paras

Rakastan perhettäni. Minun outoa – Todella outoa perhettäni. Kuten kaikilla normaaleilla ihmisillä minulla on isä ja äiti. Minulla on myös yhteensä kuusi sisarusta; kolme veljeä ja kolme siskoa. Niille ketkä haluavat olla yksityiskohtaisia, Järjestys menee: Veli, sisko, sisko, veli, minä ja kaksoissiskoni ja veli – Siinä, oletteko nyt tyytyväisiä?

En ole varma siitä kuinka vanhempani tapasivat. Tiedän vain sen, että heillä on seitsemän vuotta ikäeroa, isäni on vanhempi heistä kahdesta ja he ovat erimieltä likimain kaikesta.. Löytäen kuitenkin yhteisen maaperän missä olla. Heillä tuntuu olevan harvinainen kyky saada kaikki toimimaan.

Äitini kertoi kerran, että jos hän olisi tiennyt saavansa joskus todella sairaan lapsen.. Hän ei olisi halunnut ainuttakaan lasta. *Olen ainoa ketä on sairas* – Tarkoitan, kyllä muutamilla sisaruksillani on vakavia allergioita ja sellaista, mutta heistä yksikään ei ole kaltaiseni. Minun vuokseni äitini kyseenalaistaa omat sukuperimänsä. Hän syyttää itseään tästä kaikesta. Äiti – Tiedän, että luet tämän.. Ei ole sinun syysi että olen tällainen.

Isäni on sinut kanssani. Hän on maininnut, että vaikka en ole hänen tervein poikansa.. Olen saanut itselleni kirkkaan mielen ja hän ihailee sitä piirrettä minussa. Hän uskoo, että sairauksieni takia Jumala antoi minulle jotain vastineeksi. Pidän hänen ajattelutavastaan, vaikkakin kyseenalaistan usein onko se totta.

Äitini.. Hän on rakastava, mutta toisinaan myös ylisuojeleva – Etenkin minua kohtaan. Olen hän, ketä hän on voinut hoitaa pisimpään. Kun pikkuveljeni kuoli hän masentui.. Tila mitä vastaan hän taistelee yhä. Hän on kehittänyt piirteitä, mitkä sopisivat yhteen pakkomielteiseen hamstraamiseen ja se saa lapsuuden kotini muisituttamaan etäisesti hamstraajan asumukselta. Se on vain mieli mikä on sanut tartunnan; Äitini yrittää päästä yli nuorimman lapsensa kuolemasta.

Vanhin veljeni on mukavin henkilö kenet tunnen. Hän ei toivo kenellekään pahaa ja hän käyttäytyy kuin olisin normaali. En tiedä kuinka hän tekee sen – Kukaan meistä ei oikein ymmärrä kuinka hän sen tekee. Hän vain käyttäytyy siten kuin minussa ei olisi mitään vikaa; Jopa niinä päivinä kuin minulla on todella vaikeaa. Veljelläni on poika. Emme näe häntä usein. Pojan äiti ja veljeni erosivat ennen pojan syntymää.

Vanhimmalla siskollani on myös jo oma perhe; Rakastava aviomies ja kolme lasta. Sisareni ei ole tehnyt töitä kymmeneen vuoteen tällä erää, hän haluaa olla kotiäiti. Uskoakseni se on ok, vaikka hänellä olikin hyvät arvosanat ja hänestä olisi voinut tulla vaikka mitä. Mutta hän on iloinen ja tyytyväinen elämäänsä sellaisenaan ja se on se mikä ratkaisee asian.

Toiseksi vanhin siskoni on.. OK, luulisin. Tarkoitan vains sitä että.. Olen kummisetä hänen molemmille lapsilleen, tytölle ja pojalle, joten sisaruussuhteemme on kaiketi hyvällä tolalla? Kummaa kyllä en tiedä hänestä paljoa mitään.. Mutta tiedän paljon kummilapsistani. Hänen tyttärensä ihailee minua kovasti – Terveellä tavalla; Hän haluaa hankkia isona tatuointeja ja 'käsisuojat' (rannetukeni) ja shokkivärjätyt hiukset. Hän kutsuu minua omaksi ihmis-yksisarvisekseen; Ihmesarviseksi – Ei siksi, että hiustyylini sopisi siihen kuvaukseen vaan siksi että *'Olen yhtä harvinainen ja uniikki kuten yksisarviset ovat'*. – Hän toisinaan pelastaa päiväni oivalluksillaan. Koska minulla on vaikeuksia saada vakituista työtä terveysonegelmieni vuoksi minulla on paljon 'vapaa-aikaa'. Tarjoudun usein katsomaan siskoni lapsia jotta hän saisi vähän aikaa hoidella asioitaan ja viettää aikaa sulhasensa kanssa. Saan samalla outoja positiivisia tuntemuksia siitä kun minuun luotetaan sen verran, että lapset uskotaan terveydentilastani huolimatta minun hoteisiini. Kiitän sisartani tästä luottamuksesta.

Toinen vanhempi veljeni on.. *Oli* se rämäpäisempi.Hänellä on kaikkea mistä mies voi uneksia. Kaunis koti, vaimo, kaksi poikaa ja koira. Hänellä on kaikkea. Se on kaiketi suurin syy miksi hän ei halua olla tekemisissä muun perheensä kanssa, luulisin. Hän ei halua muistaa mistä hän on tullut saatuaan kaiken mistä haaveili koko ikänsä. Minun puolestani asia on OK. En kanna kaunaa – Rakensit unelmasi. Annamme sinun elää sitä vapaasti.

Kuten sanoin aiemmin pikkuveljeni on nukkunut pois. Minulla ei ollut koskaan mahdollisuutta tavata häntä, koska hän kuoli melko pian syntymänsä jälkeen. Me – Lapset, emme puhu pikkuveljestämme vanhempiemme läsnäollessa.

Se vain surettaa heitä emmekä halua tuottaa heille pahaa mieltä.

Sitten on kaksoissisareni. Hän on suosikkini. Meidän on pakko antaa hänelle nimi koska hän tulee esiintymään paljon ajatuksissani. Kutsun häntä Aliceksi, koska olen aina pitänyt siitä nimestä. Sen sijaan, kun minulla on sairauksia kehossani; Hänellä on omia synkkiä ajatuksia kohdattavanaan – Ei ole minun asiani avata asiaa tuon enempää. Siltikin; syytän itseäni hänen.. – En tiedä miksi kutsua sitä, olen pahoillani – . Ehkä minun kaltaiseni veli oli vain liikaa. Hän on nähnyt minun saavan kollapseja, sulkeutuvan koko maailmasta tunneiksi kerrallaan enemmän kuin kukaan. Lyön vaikka vetoa ettei hänen ollut helppoa katsoa minun muuntuvan täksi ihmiseksi ketä olen tätä nykyä.

Tarkoitan.. Alice on aina tuntenut minut. Luultavasti sillä on hintansa kun on ihmisen kokoinen enkeli.

Luku 5.

Alice

Niin pitkälle kuin pystyn muistamaan on hän ollut olemassa. En pysty kuvittelemaan ketään hänen paikalleen – Luulen, että se on kaksoisjuttu, en tiedä. Hän on kuin oma ulkoinen raajani. Aina saadessani yhden kollapseistani hän oli paikalla tehden parhaansa sen eteen, etten loukkaisi itseäni. Hän on yllättävän vahva tyttö ottaen huomioon hänen luisen olemuksensa (kyllä, minulla on vaikeuksia nähdä hänet naisena vaikkakin olemme molemmat nuoria aikuisia). Hän pystyy nostamaan keskikokoisen miehen ilmaan ja heittämään tämän pois tieltään – Olen nähnyt sen. Kun löysin kyhmyni.. Hän oli ensimmäinen kuka koski siihen ja kertoi

miten ällöttävä se on. Hän teki minun
sairastelustani hyvällä tavalla hauskaa.

Kun Alice muutti toiseen kaupunkiin
opintojensa perässä me pidimme toisiimme
yhteyttä kaikin mahdollisin keinoin;
Kirjoitimme toisillemme jopa kirjeitä.
Saatoimme puhua toisillemme tunteja
puhelimessa jakaen tietoa opinnoistamme.
Tiedän yhtä paljon taidehistoriasta kuin kuka
tahansa kuka olisi opiskellut sitä tosissaan
koulunpenkillä.

Sitten.. Hänen mielensä alkoi särkyä ja
hän alkoi sulkea minua (ja kaikkia muita) ulos.
Hänen tuolloinen poikaystävänsä kertoi
minulla mitä oli tekeillä; Mitä Alicelle oli
tapahtumaisillaan (mutta kuten jo mainitsin
aiemmin, ei ole minun asiani puhua asiasta sen
enempää) ja yhdessä hankimme Alicelle apua.

Hän saa sitä yhä, joskin poikaystävä on vaihtunut – ja jos peräti mahdollista hänen rinnallaan seisoo entistä parempi ja rakastavampi mies; kenet hän todella ansaitsee.

En voi olla syyttämättä itseäni. On varmasti ollut hänelle rankkaa joutua käymään läpi minun ongelmiani ja huoliani koko hänen elämänsä ajan. Kun kävimme samaa koulua arvatkaapa ketä selitti kollapsini koko luokalle? – Hän teki sen. Hän tunsi liikaa vastuussa minusta siinä iässä kun normaali ihmiset ovat huolissaan numeroistaan, vaatteistaan.. Ei siinä iässä tulisi olla huolissaan siitä jääkö oma veli henkiin.

Kun kyhmyni alkoivat levitä ja ystäväni alkoivat hyljeksiä minua Alice otti minut omien ystäviensä joukkoon. Oletan, ettei hän kestänyt katsoa minun olevan yksin. Olin se karmiva puoliksi mykkä kaveri ken oleskeli tyttöjen kanssa.. Oletan, että moni koulutoverimme luuli minun olleen homo – Ikävä tuottaa teille pettymys. En ollut, enkä ole homo.

Hän voi paljon paremmin nyt.. Mutta muistan yhä yhden hetken jolloin kävin hänen luonaan kylässä ja hän oli.. Toisenlainen. Eloton kuori. Se oli väärin. Kieltäydyin lähtemästä ennen kuin hän puhuisi minulle. Siitä syystä hän raivostui minulle. Jotkin hänen huudahduksistaan kaikuvat vieläkin päässäni. Kaikki mitä Alice tuolloin sanoi oli heijastuksia hänen tunteistaan vuosien varrelta.. Hänen tuntemuksiaan; Pelkoa, kaunaa – Kaikkea mitä hän oli pitänyt sisällään. Ne kaikki vyöryivät ulos, eikä siihen ollut 'off'-nappulaa. Alicella oli täysi lupa tehdä niin, Toivon, että hän olisi tehnyt sen paljon aikaisemmin – Ei ole taatusti terveellistä padota kaikkea sitä sisälleen niin pitkäksi aikaa.

Alice.. Jos luet tämän (Varmasti luet, koska annan sinulle kopion tästä kirjasta). Haluan sinun tietävän, että olen pahoillani kaikesta siitä mitä olet joutunut kokemaan. Jos voisin, peruisin sen kaiken. Rakastan sinua sisko.

Luku 6.

Koulu

En muista vihanneeni tai rakastaneeni koulunkäyntiä. Se oli vain paikka minne mentiin ja pyrittiin selviytymään toiseen päivään. En ollut koskaan se 'kuuluisa' tyyppi. En ainakaaan usko niin. Luulisi toki, että se joka pyörtyilee tämän tästä olisi joltain osin kuuluisa.. Totuus on kuitenkin, että se ei tee sinusta kuuluisaa. Olet vain se outo poika ketä pyörtyilee tämän tästä ja makaa näin ollen tajuttomana milloin missäkin opettajien huutaessa paikalle ambulanssia, poliisia, ratsuväkeä – Mitä tahansa.

Olen aina pitänyt kirjoittamisesta. Se sai minut tuntemaan oloni hyväksi ja äidinkielen opettajani antoi minulle aina palautetta, missä hän kehoitti minua jatkamaan kirjoittamista – Jopa silloin kn käsialastani tuli sotkuista koska minun piti opetella kirjoittamaan vasemmalla kädellä kun kynä ei pysynyt enää oikeassa juuri ollenkaan kivun takia.

Kuvaamataito oli toinen suosikkiaineeni. Piirsin asioita pääni synkimmistä kolkista paperille ja opettajani oli haltioissaan. *Yritykseni* tulkita maailmaa sellaisena kuin sen näin oli hänestä häkellyttävää. Kuvaamataito oli kuitenkin minulle haastavaa samasta syystä kuin kirjoittaminenkin. Olen kuitenkin nykyisin hyvinkin lahjakas; Osaan kirjoittaa ja piirtää kummalla kädellä tahansa.

En tiedä miten onnistuin saamaan kaiken tehdyksi ajallaan, mutta valmistuin ihan normaalissa ajassa muiden ikätoverieni kanssa. Seuraava askel minulle oli mennä ammattikouluun, koska olin aina suunnitellut meneväni töihin niin pian kuin suinkin pystyisin. Ei ihan mitä tapahtui lopulta, kuten me jo tiedämme. Kun opiskelin ensimmäistä ammattiani sain kuulla masentavia uutisia minkä johdosta useimmat opettajistani eivät halunneet ottaa minua enää tunneilleen; Miksi ottaisivat kun en kerran tekisi päivääkään työkseni sitä mitä he minulle opettaisivat? He protestoivat. – Hyvä kysymys, koska se on teidän työtänne.

Viimeisenä opintovuotenani (ensimmäisessä ammattikoulussa) polulleni osui mies ken näki potentiaalin minussa. Hän oli sijaisopettaja, mutta silti. Hän sai minut näkemään, ettei minussa ollut vikaa: Vika oli muissa kun he eivät nähneet miten kovaa yritin.

Puolet nykyisestä elinajastani olen käyttänyt koulunpenkkien kulutukseen. Minulle usein sanotaan, että minun pitäisi mennä takaisin kouluun – Opettajana tai inspiraatio-puhujana. En yliviivaa noita mahdollisuuksia, vaikkakin ne eivät ole mitään sellaista mitä todella haluaisin tehdä. Ainakaan tällä hetkellä en tunne niiin.

Seuraavassa opinahjossani minua kannustettiin löytämään itseni uudelleen kokeilemalla kaikkea. Siellä tapasin joukon kenties sekopäisimpiä yksilöitä keistä tuli lopulta ystäviäni. He eivät jumiutuneet murehtimaan sairauksiani vaan olivat halukkaita näkemään sen kaiken yli

tunteakseen minut. He auttoivat minua
rakentamaan itseni uudelleen.. He auttoivat
minua löytämään takaisin uskon ja
innokkuuden tehdä asioita; Asioita joita luulin
etten enää ikinä voisi tehdä.

Luku 7.

Ystävät tekevät Muutoksen

Ystäväni merkitsevät minulle paljon. Vaikkakin useimmat 'parhaat ystäväni' ovat olleet elämässäni vain neljän vuoden ajan – En ole *niin* surullinen siitä. Olen enemmän (erilainen) kuin muut: Joten voinemme olettaa, ettei normaalit säännöt päde minun kohdallani ystävyyssuhteisiin. Minulla on toki *ystäviä* ihan lapsuuden ajoista asti. Esimerkiksi Mark. Me 'vihasimme' toisiamme aina kun meillä oli siihen mahdollisuus ja potkimme silti keskenämme palloa välituntisin. Olemme nykyisin puheväleissä sosiaalisen median kautta; Hänellä on minun mukaani nimetty koira. Hän oli myös ensimmäinen kenelle näytin kyhmyni!

Siltikään emme ole olleet ikinä parhaita
ystäviä.

Paras ystäväni (Alicea lukuunottamatta,
mutta minulle on sanottu ettei kaksoissiskoa
lasketa) oli kaikkein aikojen paras ystävä
minkä kukaan voi ikinä saada. Hänellä oli
todella paha astma ja taisimme oikeastaan
ystävystyä sen takia. Hänellä oli vaikeuksia
hengittää ja minulla oli vaikeuksia pysyä
tajuissani. Sitä yhteyttä oli vaikea lyödä rikki.
Neljän vuoden jälkeen hänen perheensä muutti
toiseen kaupunkiin ja emme kyenneet enää
pitämään niin usein yhteyttä mikä lopulta
päätti ystävyytemme sellaisena kuin se oli.

Paras ystävä numero kaksi tuli
elämääni hitaasti. Hän oli kunnon nörtti,
hikipinko; joku ketä auttoi minua

koulutehtävissä tämän tästä.. Nyt kun ajattelen ystävyyttämme tulen suunnattoman vihaiseksi itselleni. Luulen, että käytin tätä ystävää hyväkseni päästäkseni koulun läpi samaan aikaan muiden kanssa. Hän sai minusta tarpeekseen kun aloin voimaan huonommin. En syytä häntä. Olin varmasti inhottava ystävä häntä kohtaan.

Seuraavan parhaan ystävän kanssa minulla oli eniten hauskaa. Me olimme erottamattomat. Minne hän meni, minä seurasin ja päinvastoin. Kun hän meni autokouluun olin yhden miehen kannustusjoukot hänelle; koska me toden teolla tarvitsimme hieman omaa vapautta tuolloin enkä minä saa ikinä mahdollisuuttakaan hankkia ajokorttia itselleni. Menimme eri kouluihin valmistumisen jälkeen; Hän meni opiskelemaan lukioon kun taas minä jatkoin ammattikouluun. Loputtomien juhlien humina ja opiskelupaineet saivat meidät lopulta eroamaan. Hän ei löytänyt minulle enää aikaa vapaa-ajallaan, koska olin se 'ynseä tyyppi kuka ei juo' – Lääkkeeni eivät vain toimi hyvin alkoholin kanssa.. Ei sen kummempaa.

Sitten on tämä joukko ystäviä ketkä tapasin ammattikoulussa (toisen ammattiopinnon parissa). Yksikään heistä ei ole paras ystäväni. Mutta *he kaikki* ovat hyviä ystäviäni. Olemme varmentaneet asian olevan niin. En ole puhunut heille epävarmuuksistani koskien 'paras ystävä'asiaa. He ovat tyytyväisiä asetemaan missä olemme ystäviä.

'Kevin' on ikäänkuin porukan johtaja. Hän on se, kenet tapasin porukastamme ensin. Hän vihaa sitä, että olen sairas ja hän on kerran sanonut (ollessaan humalassa), että jos hän pystyisi niin hän parantaisi minut, koska hänen pikkusiskonsa on ihastunut minuun aika ajoin, mutta hän ei halua siskonsa seurustelevan jonkun näin sairaan kanssa. Kiitos Kevin. Rehellisyyttä puhtaimmassa muodossaan.. Äläkä murehdi. Minulla ei ole mitään sellaisia tunteita Katea kohtaan. Minulle hän on kuin pikkusisko.

'Paul' on joukkomme hiljaisin henkilö. Nyt kun oikein mietin asiaa hän ei ole koskaan sanonut mitään liittyen sairasteluuni. Hän vain menee virran mukana tulee sitten mitä tahansa vastaan. Hän ja Kevin ovat olleet parhaita ystäviä lastentarhasta asti tähän päivään. Paul oli ensimmäinen meistä ketä kosi tyttöystäväänsä (Kevin tuli toiseksi). Minä toimin yhtenä sulhaspojista hänen häissään.

Viimeisinä, muttei vähäisempänä 'Aaron'. Hän toimi parinani useimmissa koulutöissäni ja hän tuli joukkoomme minun kauttani. Aaron on luultavasti oudoin tyyppi kenet voisit ikinä tavata (Olen pahoillani, mutta olet) – Hän voi viettää liki kolme päivää sisällä asunnossaan pelaten videopelejä.. Minä tulisin siitä hulluksi. Siltikin, hän on hyvin tärkeä henkilö joukollemme. Hän on kuin liima. Kun menemme jonnekin, hän varmistaa, että kaikilla on hauskaa.

Tapaamme toisiamme kerran pari viikossa (niin usein kuin työaikataulut ynnä muut antavat periksi) ja teemme mitä muutkin ikäisemme nuoret miehet tekevät; Pelaamme videopelejä, katsomme urheilua tai pelaamme itse ulkosalla. Joskus vain hengailemme toistemme luona tekemättä mitään. Sellaista. Heidän seurassaan tunnen yhteenkuuluvuutta normaaleihin ihmisiin.Paras asia on se, että he tietävät minun olevan sairas. He tietävät sen hyvin, koska olen saanut kollapsejani heidän seurassaan. Silti he haluavat viettää aikaa kanssani vaikka tietävätkin, että on olemassa riski että menetän tajuni ja he joutuvat auttamaan minua ja niin pois päin.. Ja se ei haittaa heitä. Kiitos teille siitä.

Luku 8.

Olenko minkään arvoinen?

Kuinka arvostat iseäsi, jos sinulla on vaikeuksia hyväksyä itsesi sellaisena kuin olet? Ol hyvä ja vastaa kaikin mokomin; Jätän sinulle tähän tilaa (Huomaathan, että jos tämä ei ole sinun kirjasi sinun ei tule kirjoittaa tähän mitään):

_____

_____

_____

_____

_____

_____

Ihmiset osoittelevat minua päivittäin, nimeten vikojani. Sitä harrastaa tuntemattomat, sitä harrastaa perheenjäseneni ja ystäväni – Ymmärään miksi. Se on normaalia turhautua ja en voi vaatia heitä olemaan turhautumatta sairasteluuni.. Se silti syö minua sisäisesti, jatkuva pommitus; se ei kysy lupaa kuluttava emotionaalinen lataus, se vain tapahtuu – En tehnyt tätä itselleni.

Tiedän ettei minulla ole *'täydellistä'* kehoa työntekoon. Sitä ei tarvitse muistuttaa minulle joka ikinen päivä. Tiedän, että käteni ovat pienemmät kuin minun kokoisellani kaverilla tulisi olla ja ne ovat yhtä tyhjän kanssa: Tiedän sen varsin hyvin koska ne ovat minussa kiinni ja käytän niitä päivittäin – Joten kiitos kun jakelet päivänselviä asioita. Viimeisenä, muttei vähäisimpänä; Kyllä näytän hieman epänormaalilta jättimäisine silmineni. Se on vain lääkityksen aikaansaama sivuoire. Se ei tarkoita että käyttäisin huumeita tai jotain.

Tuollaisten asioiden päivittäinen läpikäyminen saa sinut varmasti sekoamispisteeseen – Tarkoitan sitä,, että itsetuntoni on ollut todella alhainen. Kun vihdoin sain kerättyä tarpeeksi rohkeutta pyytääkseni tyttöä ulos kanssani hän ei koskaan saapunut paikalle. Miksi? En tiedä. Niille ketkä haluavat tietää; Hän oli joku kenet tunsin ammattikoulusta (ensimmäinen ammattitutkinto). Tunnuimme tulevan aina hyvin toimeen ja halusin selvittää olisiko välillämme muutakin.

Tyhmää minulta, mutta oletettavasti hän olisi voinut kieltäytyä kun pyysin häntä ulos niin en pistäisi häntä tuntemaan oloaan tukalaksi nyt kun kirjoitan hänestä.

Pohdin aidosti olenkin minkään arvoinen – Olenko sen arvoinen, että unelmani joskus toteutuisivat? Unelmoin saavuttavani tasapainon itseni kanssa, unelmoin tulla hyväksytyksi sellaisena kuin olen.. Unelmoin löytäväni jonkun rinnalleni – Viimeinen osa listalta on myös pelottavin unelmani.

Ohareiden jälkeen keskityin opiskeluun (mitä toisinaan kadun). Nyt monta vuotta jälkeenpäin olen saavuttanut sen vertaa itseluottamusta että olen likimain sinut nahoissani. Olen tapaillut muutamia tyttöjä, mutta noista suhteista ei ole tullut mitään..

Vika on minussa ja tiedän mikä on ongelma;
Pelkään murtavani toisen ongelmillani.

Ihmiset rakastavat ja välittävät minusta liikaa
ja se tuntuu murtavan heidät – Haluan sen
loppuvan. En halua murtaa ketään enää
koskaan – En halua olla se henkilö.

Syytän itseäni siitä, että perheeni ja
ystäväni ovat koko ajan huolissaan minusta.
Syytän itseäni siitä että pilaan heidän
elämänsä. Saan tästä kaikesta painajaisia.

Syyllisyyteni takia en osaa kohdata toisia
ihmisiä.

Luku 9.

Päättymättömät painajaiset

Painajaiset kaksoissiskostani ovat minulle hyvin tuttuja. Ne alkavat muistoilla vanhoista leikeistämme ja peleistämme ja seuraavaksi olemmekin myöhäisessä teini-iässä; tappelemassa siitä syystä, että pilasin hänen elämänsä. Ehkä minä todella sitten tein niin.. Tarkoittamatta sitä. Hän oli vahvempi kuin meistä kahdesta. Uskoin sokeasti hänen pääsevän läpi mistä tahansa. Minulle ei koskaan tullut mieleenkään, että hän paini synkempien ajatusten kanssa verrattuna omiini.

Vihaan noita painajaisia. Toivoisin niiden päättyvän, mutta ne eivät tee niin. Olen puhunut Alicelle niistä. Hän haluaisi minun lakkaavan syyttämästä itseäni.. Mutta en voi. En usko, että lopetan koskaan syyttämästä itseäni.

Minulla on myös yksi uni.. Painajainen, jos ollaan tarkkoja, mitä näen melko usein. Siinä on rikkonainen televisio. Ihan normaali, vanha ja harmaa televisio. Ei kuulosta kovin pelottavalta, tiedän, mutta nukkuessani se on pelottavin asia maailmassa.

Televisio on tyhjässä huoneessa.. Pöydällä ihan itsekseen. Näyttäen musta-valkosadetta kamalan ritinän saattelemana . Vaikka yrittäisin miten kovaa niin televisio pysyy päällä. Joskus siitä vuotaa vettä, toisinaan lattialla tulvii vettä enkä täten pääse käsiksi virtajohtoon. Joskus televisiosta näkyy ohjelmia; Uskon niiden olevan tapahtumia

ajoilta jolloin olen ollut kollapsini uhri tai
sitten ne ovat vain puhtaasti mielikuvitukseni
tuotetta. En tiedä. Tiedän vain sen, että se
televisio on paha. Kun näen sen haluan herätä
– Haluan vain yksinkertaisesti herätä.

Unikirjat kertovat minulle television
olevan heijastusta siitä, kuinka katson elämän
menevän ohitseni ja lumisade puolestaan
kuvastaa kyvyttömyyttäni nähdä totuutta. En
usko sen olevan täysin totta. Se on vain häijyin
televisio minkä olet koskaan nähnyt.

Näen painajaisia melko usein. Minulla
on vilkas mielikuvitus tai jotain. Useimmat
painajaiseni kirjoitan ulos kirjojeni
tapahtumina – En hukkaa mitään mitä mieleni
luo. Isäni sanoo että Luoja antoi minulle
kirkkaan mielen.. Uskon että Hän antoi
minulle sellaisen. Joku muu vain turmeli sen.

Luku 10.

Koti

Olen onnekas. Minulla on kaksi kotia. Kovin moni ei voi sanoa samaa, vai voivatko? Minulla on lapsuuteni koti, se missä kasvoin ja sitten on tämä pieni yksiö missä asun kahden kissan kanssa. Älkää tuomitko minua siitä, että minulla on kissoja. Emme voi pitää niitä talossa, mikä saattaisi koitua niiden haudaksi, emmehän?

Lapsuuteni koti on mukava ja lämmin. Muistan (vaikeudella) ajan jolloin se oli puhdas. Niin puhdas, että saatoit syödä lattialta. Kun pikkuveljeni kuoli alkoi talo kerätä kaikenlaista tavaraa: kankaita, pöytiä, tuoleja, kirjoja; paljon kirjoja.. Kaikkea mitä voit ja et voi kuvitella. Joskus mietin miten omituinen ihmismieli on – Miksi se laittaa rikkinäiset ihmiset keräämään elottomia asioita korvatakseen jonkun ketä oli joskus elossa? En löydä siinä mitään järkeä.

Talo ei ole täysin täytetty. Voit liikkua siellä vaivatta, mutta se ei ole niin siisti kuin normaalit kodit ovat. En haluaisi viedä sinne mielitiettyä mukanani.. En ennen siivousoperaatiota – Anteeksi äiti, se on surullinen totuus – .

Toinen kotini on oma asuntoni. Vanhempani eivät pitäneet siitä, että halusin muuttaa omilleni, mutta tein sen silti. Sisarukseni puhuivat minut ympäri ottamaan kissat mukaani.. Joten otin ne sitten. Kissat ajavat minut hulluuden partaalle, mutta ainakaan kenenkään meistä ei tarvise murehtia siitä että ne kuolisivat kangas – tai kirjavyöryn alle. Ne ovat iloisen lihavia ja ne ovat omistaneet elämänsä kiduttaakseen minua kiitollisuuden osoituksena – Ehkä ne potevat vain koti-ikävää, luulisin.

Asunto toimii minulle piilopaikkana. Se on paikka missä asun, mutta mikä tärkeämpää, se on paikka missä voi hengähtää. Minun ei tarvitse selittää mitään kenellekään, mutta se tarkoittaa myös sitä, että jos saan kollapsin niin olen oman onneni nojassa. Siksi soitan ädilleni kahdesti (vähintään) päivässä tai hän (tai joku muu perheestäni) tulee katsomaan vointiani.

Yksi naapureistani tietää terveydentilastani. Kun muutin nykyiseen asuntooni hän tuli varoittamaan minua siitä etten saisi pitää musiikkia liian kovalla ja niin poispäin. "Tämä on hiljainen asuinalue, ymmärrätkö?" hän kysyi minulta. Ymmärsin, siksi halusin muuttaa tänne. Oletan, että ulkomuotoni vaikutti häneen. Tarkoitan, että tatuoidun nuoden miehen näkeminen sinisine hiuksineen voi antaa sinulle henkilöstä väärän kuvan.. Jos olet kapeakatseinen.

Minä vanhimman veljeni kanssa selitimme hänelle, että en aiheuttaisi mitään ongelmia.

Kerroimme, että jos sattuisin löytymään nurmikolta tajuttomana ei syy olisi alkoholin tai huumausaineiden ollenkaan. Äitini jutteli myös hänen kanssaan.. En ole varma mistä hän jutteli (luultavasti hän kertoi koko sairaushistoriani), mutta nyt minulla ei ole ainakaan ongelmia seinänaapurini kanssa. Hän joskus tulee katsomaan vointiani – Yritän poistua asunnostani vähintään lenkille mennäkseni. Jotta minulla olisi jonkinlainen rutiini mitä seurata. Melkein unohdin; Kiitos 'Rouva Wright'!

Luku 11.

Kollapsit ja niiden Jälkitila

Pelottavin osa sydänviastani on kollapsit ja niiden jälkeinen tila. Lääkärit eivät osaa estää niitä, joten minun tulee vain elää sen tiedon kanssa että minä hetkenä hyvänsä saatan menettää tajuni.

Kuten sanoin aiemmin; Kollapsi itsessään kestää vain muutaman *sekunnin*; mutta olen hyvinkin taitava kolhimaan itseäni sen aikana. Huonoimpia muistoja kollapseistani on esimerkiksi sellainen, jossa olin matkalla kotiin bussilla ja ennen kuin ehdin kunnolla istumaan paikalleni menetin tajuni. Muut luulivat minun nukahtaneen, mutta olin kollapsin saadessani lyönyt pääni pahasti johonkin (en todellakaan tiedä mihin ja miten, mutta minulla oli kuhmu päässäni jonkin aikaa).. Kun 'heräsin' oli ensimmäinen ajatukseni jäädä pois bussista, joten tein niin – ilman että *kukaan* olisi estänyt minua. Olin kykenevä soittamaan kännykälläni – Tietämättä laisinkaan missä olin.. Nousin pois väärällä pysäkillä, yhden ohi omastani enkä tiennyt missä olin. Mikään ei näyttänyt tutulta. Ehkä siksi muut eivät olleet käsittäneet, että olin saanut kollapsin; Olin niin lähellä kotia. Onnekseni Alice ja nuorempi isoveljeni tulivat hakemaan minut pysäkiltä.

Mutta.. Vaikka loukkaankin pääosin itse kollapsieni aikana.. Olen enemmän huolissani siitä, että satuttaisin muita; Kouluaikoinani useimmat ihmiset eivät halunneet kävellä lähelläni, koska he pelkäsivät minun satuttavan *heitä* – Pelko oli (ja on yhä) perusteltua; Sain kerran kollapsikohtauksen koulun portaissa ja vedin Alicen ja hänen ystävättärensä alas mukanani.. Kahden muun henkilön kera. Alice loukkasi selkänsä ja jalkansa, hänen ystävättärensä käsi vääntyi pahasti ja ne kaksi muuta selvisivät mustelmilla.

Ja se oli vasta kollapsi-osuus!!
Puhutaanpas sitten siitä toisesta osasta,
jälkitilasta:

Jälkitilassa en ole kykenevä huolehtimaan itsestäni koska olen ulottumattomissa; En osaa lukea, joskus en osaa edes puhua. Useimmiten vain tuijotan eteeni tyhjällä katseella muiden yrittäessä pähkäillä kuinka he voivat auttaa minua – On silti käynyt niinkin, että olen kävellyt itsekseni pois paikalta ja eksynyt jonnekin.

Minulta kestää tunteja palata tajuihihi –
Olla taas minä. Perheeni ja ystäväni tietävät,
että tärkein asia mitä heidän pitää muistaa
kollapsieni aikana on **pysyä rauhallisena** –
Koska olen yhä läsnä, lukittuna itseni sisään.
Vaikka en muistakaan kaikkia yksityiskohtia..
Sillä hetkellä kun kollapsini on päällä olen
hyvinkin paljon läsnä, usko tai älä – En vain
kykene ajattelemaan selkeästi ja motoriset
taitoni ovat lähes olemattomat.

Sen varalta, että tapaamme kasvokkain
ja saan kollapsin; Sijoita minut jonnekin missä
voin olla jalat ylöspäin ja pidä huoli siitä, etten
vaeltele itsekseni. Soita vaikka minulle jotain
musiikkia ajankuluksi jos haluat.. Palaan kyllä
muutaman tunnin kuluessa luoksesi.

Saadessani kollapsin ensimmäistä kertaa ystävieni kanssa (Kevin, Paul & Aaron) he olivat shokissa; he eivät ole kieltäneet sitä. Olimme olleet ulkona – Kävelemässä jonnekin (en muista minne) ja valahdin yhtäkkiä maahan. Ystäväni olivat kyllin fiksuja ottamaan puhelimeni minulta ja soittivat isälleni saadakseen ohjeita miten minun kanssa tulisi menetellä sen **jälkeen** kun minut oltiin asetettu kylkiasentoon.. Mikä oli vaikeaa, koska kehoni oli keskittynyt viimeiseen muistikuvaan minkä mukaan olin kävelemässä jonnekin – Yritin kerta toisensa jälkeen nousta ylös kävelläkseni pois ystävieni luota – Väittäen, että ystäväni ovat jättäneet minut ja minun tulisi nyt löytää heidät.. Onko sinulla aavistustakaan miltä heistä tuntui tuolloin?

En muistanut keitä he olivat.

Hetken kuluttua isäni haki minut.

Kaikki se sai ystäväni ymmärtämään, etten ollut pelleillyt mistään; sairauteni oli totisinta totta. Olen saanut kaikkiaan viisi kohtausta heidän läsnäollessaan; nykyään he tietävät mitä tehdä – Emme soita kenellekään saadaksemme apua, mutta he ilmoittavat kyllä perheelleni, etä olen saanut kollapsin, jotta perheeni ei saisi sätkyä kun en vastaa puhelimeen ja niin edelleen.

Luku 12.

Sairas Työnarkomaani

Työnteko ihan oikeassa työpaikassa on jotain mitä olen aina halunnut. Olin suunnitellut itselleni työuraa, missä olisin työskennellyt yli neljäkymmentä vuotiaaksi ja olisin sitten jättäytynyt eläkkeelle aloittaakseni kirjailijan urani. Monet suunnitelmistani ovat sittemmin muuttuneet. Tässä minä olen puoliväliä kahdessakymmenissä, työtön ja kirjoittamassa tätä.

Työn merkitys on minulle.. Liikaa kuvailtavaksi. En löydä siihen oikeita sanoja. Minulla on pakkomielle näyttää kaikille että pystyn tekemään jotain millä on väliä ja merkitystä. Ensimmäisen ammattini oli määrä auttaa minua toteuttamaan itseäni sillä tavalla samalla kuin se olisi taannut minulle hyvän elämän vaikka olisin siirtynyt eläkkeelle aikaisessa iässä. Toinen ammattini.. No sen piti auttaa minut suoraan koulusta työkentälle.. Nyt yritän vain hankkia itselleni työtä maksaakseni laskuni ja opintolainani. Se ei ole helppoa sellaiselle kuin minä. Sillä ei ole väliä miten hyvä olen paperilla.. Työnantajat palkkaavat mielummin sen kaverin kenellä on parmpi fyysinen terveys kuin minulla.. Tai ylipäätään sellaisen työntekijän kenellä ei ole taipumusta saada kollapseja.

Olen ollut kuitenkin työelämässä. Minut palkattiin viime vuonna. Olin hyvin pidetty, mutta työpaikallani ei ollut varaa pitää minua puolen vuoden jälkeen, pahaksi onnekseni. Saan yhä säännöllisiä soittoja heiltä ja tuuraan sairauspoissaoloja,

Haluaisin tehdä säännöllistä työtä edes viisi vuotta. Viisi kokonaista vuotta, en pyydä yhtään enempää. Luulen että työvoimatoimiston henkilökunta uskoo minun olevan hullu (Voin vakuuttaa teille; *En ole hullu*). He kyselevät minulta tämän tästä miksi haluan tehdä töitä; Enkö voisi vain hyväksyä sitä, että kukaan ei halua palkata minua – Mutta joku palkkasi minut.. Kuudeksi kuukaudeksi – Kaiken lisäksi on olemassa paljon ihmisiä keissä ei ole mitään vikaa fyysisesti, mutta he eivät vain halua tehdä töitä!! Vakavasti ottaen, heidän näkemisensä saa minut vihaiseksi. Se kuinka he valittavat **miten on pakko mennä töihin**. Vaihtaisin kehoja heidän kanssaan jos osaisin.

Olisin ikionnellinen jos voisin repiä muukalaiseni pois kehostani, repiä tämän valmistusvikaisen sydämeni pois rinnastani – Vihaan tätä kaikkea niin paljon. Vihaan olla sairas.

Miksi jotkut teistä eivät näe että haluan olla normaali?

Luku 13.

Jotakin Synkkää ja Haudattua

Kuten olen sanonut aiemmin; Toinen sairauteni sai minusta melkein yliotteen. En haluaisi muistella näitä aikoja elämästäni ollenkaan – En ihan oikeasti haluaisi.

Kuten saatatte muistaa. Kyhmyjeni alkaessa leviämään kehooni, levittäen kipua ympäriinsä; Ystäväni hylkäsivät minut ja Alice otti minut omien ystäviensä seuraan. Kehooni sattui, eikä kukaan tuntunut kiinnittävän siihen huomiota, koska pyörtyilin enemmän kuin koskaan aikaisemmin, kiitos teini-iän hormoonien. Ketään ei tuntunut huomaavan, että minussa oli muutakin meneillään.

Olin.. Hiljainen; koska koitin kaikin tavoin olla huutamatta kivusta kävellessäni koulun käytäviä.. Yritin kovasti olla näyttämättä kenellekään mitä sisälläni oli – Kuinka paljon synkkyyttä velloi sisuksissani.

Se oli sitä aikaa kun synkät ajatukset tulivat. Kutsun niitä sillä nimellä; synkät ajatukset. Ne puhuivat minulla kun en puhunut itse kenellekään. Pelko, Väsymys ja Itse-inho – Yhdessä. Muistan käyneeni läpi näitä sisäisiä keskusteluja pääni sisällä päivittäin. Ne kysyivät minulta miksi en satuttanut muita osoittaakseni mitä kävin itse, muut kun eivät tuntuneet käsittävän sitä. Kun kieltäydyin tästä heillä oli varasuunnitelma: He halusivat minut lopettamaan kärsimykseni.. Tämän osion muistan suuren häpeän ja inhon kera.

– Ajatukset itseni tappamisesta –

Ensin en kiinnittänyt niihin huomiota, mutta kun kipu vain voimistui ja jatkoi leviämistään.. Se alkoi tuntua houkuttelevammalta; Ei enää kipua, ei enää päiviä kollapsien pelossa. Silloin pyysin apua – Ensimmäisen kerran.

Synkät ajatukset pysähtyivät hetkeksi, koska sain toivoa uusista testeistä ja niin poispäin.. Mutta kun kuulin, ettei minua saataisi ikinä kuntoon; Synkät ajatukset tulivat takaisin kahden uuden ystävänsä kera: Pettymyksen ja Vihan. Tunsin oloni petetyksi koska en saanut sitä mitä halusin; Terveyttäni. Tunsin vihaa koska ymmrsin, ettei minusta tule koskaan sellaista ihmistä ketä voisi tehdä niitä asioita mistä olin aina unelmoinut.. En voisi tehdä niitä asioita, mitä yhteiskunta oletti minun pystyvän tekemään miehenä.

Kaikki murtui edessäni – Ja sisältäni.

Ihmiset usein puhuvat menneensä rajan yli tullakseen takaisin uutena ihmisenä. En mennyt itse niin pitkälle. En ole halukas kertomaan mitä onnistuin miltein tekemään itselleni. Se on vain liikaa jaettavaksi – En ole puhunut siitä kenellekään perheessäni, enkä näin ollen kerro siitä teillekään.

Hetkeni milloin palasin takaisin oli enemmänkin unenkaltainen tila minulle. Näin itseni itkemässä lattialla tyhjyyden keskellä. Seuraavaksi tajusin itse itkeväni keskellä tyhjyyttä – Katsellen jotain mikä nyt kun mietin asiaa muistuttaisi nykypäivän versiota minusta, seisomassa vain siellä.

Kysyin: – Mitä minun pitäisi tehdä? –
Olin liian vaurioitunut etenemään sellaisena
kuin olin, mutta minussa oli vielä joitain osia
mitkä halusivat nähdä enemmän; uskoivat että
minulle oli varattuna jotain vielä
tulevaisuudessa.

Tein sopimuksen itseni kanssa. Ne osat
jotka veivät minua pohjalle, kaikki viha ja ne
synkät ajatukset ja kaikki sellainen jäisivät
sinne; Uneeni ikiajoiksi. Se toinen osa minua
sai luvan herätä ja alkaa elää – Alkaa etsimään
positiivisia näkökulmia elämään.. Pitämään
yllä aitoa hymyä ja tuntea kiitollisuutta
olemassaololleen. Se minä olen tänä päivänä;
Hän ken heräsi Unesta.

Tässä tarinassa on muutakin.. Kun
Synkkyys on merkinnyt sinut, se ei luovuta

helpolla – Synkät ajatukset palaavat aina kun minua lannistetaan – Ne nostavat päätään, mutta tuolloin muistutan siitä mitä me sovimme ja ne laskevat päänsä.. Mutta se peloissaan oleva, itseään satuttava henkilö on yhä olemassa.. Oman mieleni pimeimmässä nurkassa.

Luku 14.

Peili pelejä

Siitä päivästä kun erosin "Synkästä-versiostani" olen pelannut tätä edistyneempää versiota 'kahdestakymmenestä kysymyksestä' itseni kanssa. Kysymyksiä on vain kymmenen, mutta ymmärrätte idean. Teen sen joka aamu kylpyhuoneeni peilin edessä ihan vain nähdäkseni, että minä olen yhä täällä.

Tässä kysymykset – Ja tämän päivän vastaukset teidän huviksenne:

1. Mikä päivä tänään on?. –
   Seuraava päivä.

2. Kuinka voit tänään? – Minuun koskee, mutta en ole sentään Kuollut.

3. Asteikolla 1 – 10 kuinka paljon sinuun koskee? – Tarpeeksi.. 5, ehkä. Minulla oli vaikeuksia nousta sängystä ja tupla-tarkistin hammastahnan. Joko joku on laittanut siihen pikaliimaa tai sitten tänään on vain yksi niistä päivistä jolloin normaalit aktiviteetit vastaavat minulla Olympia-suorituksia.

4. No, onko suunnitelmia tälle päivälle?? – Pyykki-päivä, hammaslääkäri ja hengailen kavereiden kanssa tänään myöhemmin.

5. Päivän sana? – Valitse ensimmäinen sana mikä tulee mieleesi, tänään sanani oli 'Nälkäinen'.

6. Otitko lääkkeesi? – Jep.

7. Miten pääsi ja rintakehäsi voi? – Ei rintakipua, ei huimausta – Voimme mennä.

8. Mistä näit unta? – Olin Suuri Gorilla ja pirstaloin asuntoni; Unen todennäköisin syy on se, että kissani leikkivät ympäriinsä ja tiputtelivat esineitä.

9. Oletko väsynyt? – Enemmän tai vähemmän.. Saatan olla saamassa flunssan.

10. Mikä on vastaus äärimmäiseen kysymykseen? – 42 (En selitä tätä).

Luku 15.

Pure minua

En kyennyt vastustamaan houkutusta
kappaleen nimelle, pahoitteluni. Tapaan
hammaslääkärini tänään. Se on outoa, kun
sinulla on useampi kuin yksi krooninen sairaus
sinua painostetaan pitämään hampaasi hyvässä
kunnossa. Kai niillä on jokin yhteys toisiinsa
tai jotain.

En ole koskaan oikein ymmärtänyt
hammaslääkärikammoa. En vain ymmärrä sitä.
He yrittävät ylläpitää hampaittesi terveyttä.

Hampaasi on tehty todella kovista ainesosista – Siksi he tarvitsevat niitä outoja välineitä; he eivät voi korjata hampaitasi pumpuli tyynyillä ja perhosilla. Olen pahoillani.. Tuo oli töykeää – En silti poista tuota mielipidettä.

Menen vain tarkastukseen; koska minulla on vakava allergia ksylitoliin mikä aiheuttaa minulle päänvaivaa useiden hampaidenhoitotuotteiden osalta. Purennassani on myös pieniä ongelmia. Narskutan hampaitani nukkuessani; useimmiten kivun takia – En mahda sille itse mitään. Muutoin kuin nuo asiat.. Hampaani ovat loistavassa kunnossa; Teen parhaani sen asian eteen.

Nykyinen hammaslääkärini on mukava. Hänen edeltäjänsä oli nainen ketä kohtelia

minua kuin olisin ollut posliinia. Se oli
ärsyttävää. Hänen jäädessään eläkkeelle olin
hyvin iloinen tavatessani tämän uuden
hammaslääkärin. Hän on mies ketä kuuntelee
musiikkia kovalla ja hän ei juuri välitä
turhanpäiväisestä jutustelusta – Miksi useampi
hammaslääkäri ei ole kuin hän? Tarkoitan
vain, että miksi hammaslääkärien pitää edes
yrittää ylläpitää keskustelua kun toisella on
suu täynnä jos vaikka minkälaisia
instrumentteja?

Luku 16.

Kipu. Paljonko on tarpeeksi?
Kappaleen toinen nimi on
'Kun minulla on flunssa'

Takaisin tähän aiheeseen. Olen pahoillani. On vain yksi niistä päivistä kun pääsen hädin tuskin pois sängystäni. Kaikkialle sattuu. Minulla on flunssa. *'Tavanomainen, tavallinen flunssa'*.. No minulle se on kaikkea muuta kuin tavallista. Se saa minun kipuasteikkoni tavanomaisesta 4.5:stä 12:sta (asteikolla 1 -10). Kuume saa sydämeni viallisuuden näkymään entistä paremmin. Minulla on vaikeuksia pysyä hereillä ja minua huimaa.

Se on ollut aina tällaista kun saan flunssan. Juuri nyt käytän videonauhuria kännykästäni.. – Tämän sanoin videolle – Haluan olla aito teille lukijoille. Kerron teille tismalleen mitä tunnen tällä hetkellä. Pääni on täytetty painavalla, pilvenkaltaisella jutulla mikä kuulostaa mehiläispesältä. Pääni on punainen, rintakehäni on punainen.. Minulla on oli 39° kuume, kehoni on jäykkä, koska toinen sairauteni kiehuu ihoni alla.. Tajusin juuri, että tiedän nyt tismalleen miltä kananmunista tuntuu – Vau. Sairauteni pitävää minua pilkkanaan, näyttää huonoimpia puolia itsestään minulle.. Sen ainoa tavoite on ajaa minut kaiken äärirajoille.. Toivon, että se tapahtuisi pian – Hetkinen, odottakaas.. Taidan olla muuttumassa jonkin sortin masokistiksi.

Kuumeella on minuun myös muita vaikutuksia. Kehoni muuttuu todella jäykäksi; mikä tahansa liike satuttaa. Toinen sairauteni vihaa kuumetta – Sillä on sitä vastaan oma selviytymismekanisminsa; Se laukaisee hypotermian voidakseen jäähdyttää kehoni. Sairauteni ja kehoni taistelevat toinen toisiaan vastaan kun minulla on flunssa; kehoni yrittää hoitaa minua ja tuhota viruksen, muukalaiseni yrittää viilentää kehoni itselleen sopivaksi ja sydämeni yrittää.. Varmaankin vain pysyä toiminnassa, luulisin?

Sain kollapsin. Se ei ole tavatonta minulle saada kollapseja kuumeessa. Kuume sekoittaa sydämeni rytmin ylösalaisin.. Nuorempi vanhempi siskoni tuli käymään kun en vastannut kenenkään soittoihin (useimmilla perheenjäsenilläni on avaimet asuntooni). Olin iloinen, että hän jätti lapset isänsä hoteisiin –

En pidä siitä että lapset näkevät minut
jälkitilassa. En halua pelotella heitä. Siskoni
arvioi minun olleen 'ihmis-vihannes' likimain
kolme tuntia.. Totta puhuen, se tuntui minusta
pidemmältä ajalta. Siskoni oli niin mukava,
että hän odotti luonani siihen asti kun pärjäsin
jo omillani.

Vanhempani kävivät myös katsomassa
minua – Voin jo silloin paremmin.. Tarkoitan,
olin yhä flunssassa, mutta pystyin
keskustelemaan heidän kanssaan. He vaativat
minua menemään lääkäriin kollapsini takia,
mutta kieltäydyin. Se oli vain flunssa ja vain
toinen kollapsi – Kaksi hyvin normaalia asiaa
minulle.

Kuitenkin sairastettuani flunssan
jouduin melko pian sairaalaan. Heräsin
keskellä yötä kykenemättä hengittämään

kunnolla. Ihan oikeasti heräsin siihen tunteeseen, että jokin oli vialla. Kun tajusin **mitä** oli vialla soitin hätänumeroon ja yritin puhua, mutta sen saanut ulos mitään ymmärrettävää sanaa tai lausetta – Vain outoja äännähdyksiä. Kun ensiapumiehet tulivat annoin heille lapun missä kerroin mikä minun oli (Ihan vain sivulauseena: Minusta meillä tulisi olla jonkinlainen toiminta tällaisten tapahtumien varalta.. Tarkoitan vain, että oletko itse yrittänyt kertoa kenellekään ettei henki kulje ilman, että käytät ääntä?). – Niin, minulla oli keuhkoputkentulehdus, ei muuta.

Vanhempani tulivat sairaalaan tapaamaan minua pian sen jälkeen kun minut oltiin tuotu sisään (he ovat lähikontaktini ja he saavat automaattisesti ilmoituksen kun soitan hätänumeroon).

Molemmat olivat vihaisia minulle siitä etten mennyt flunssani vuoksi sairaalaan ja ota muutenkin terveydentilaani vakavasti – Luulen oppineeni läksyni.

Nyt syön naurettavan isoa kuuria antibiootteja.

Olenpas onnekas.

Luku 17.

Lääkkeet eivät ole kivoja

Minulla on viha-rakkaussuhde
lääkkeisiini. Ne pitävät minut liikkeessä, mutta
sydänlääkkeeni tuhoavat hitaasti munuaiseni ja
kipulääkkeeni maksani.. Tai niin farmaseuttini
kerran sanoi minulle.

Sydänlääkkeeni aiheuttaa outoja
sivuoireita minulle; minun on vaikeaa tehdä
ilmeitä kasvoillani. Ei siten, ettenkö hymyilisi
tai mitään, koska vuosien saatossa olen
oppinut tekemään niin. Toinen outo sivuoire
on se, että silmäni näyttävät valtavilta
(mustuaiseni ovat niin suuret että erotan
hädintuskin värikalvoni). Minun tulee
muistuttaa itseäni räpyttää silmiäni

säännöllisesti etteivät ihmiset luule minun olevan aineissa. Näytän usein työhaastatteluissa lääkärintodistuksen mikä todistaa sen, että en ole aineissa vaan kärsin pitkäaikaisen lääkityksen sivuoireista – Ei sen kummempaa.

En ole varma sanoinko tämän aikaisemmin näin selkeästi, mutta käyn säännöllisesti työhaastatteluissa. En mainosta sairauksiani hakiessani sisään, mutta haastatteluissa on melko vaikeaa olla erottumatta niiden vuoksi.. Tarkoitan; Kohdataan asia sellaisenaan kuin se on. Olen mies ketä käyttää ranne- ja nilkkatukia ja silmäni.. Saatan kyllä muutenkin herättää huomiota kilometrien säteellä ulkonälläni.

En pidä kipulääkkeiden syömisestä. Tavoitteeni on syödä niitä niin vähän kuin on inhimillisesti mahdollista – Toinen vaihtoehtoni on kipugeeli. Haluan olla kykenevä liikkumaan, työskentelemään, mutta en halua olla turta. Sitä minä tarkoitin kipuasteikolla: Sairaaloissa tavoitteena pidetään pitää kipuaste kolmen kohdalla – Voit liikkua, vaikka sinulla onkin kipuja. Minun tavoitteeni on sietää jotain neljän ja viiden väliltä. Vähän sen yli pystyn vielä sietämään, vaikka onkin vaikeampaa liikkua.. Kaikki yli seitsemästä on kamalaa. Kahdeksan tarkoittaa, että Helvetti on aikeissa päästä irti, yhdeksän sitä että on liian myöhäistä mennä takaisin ja kymmenen tarkoittaa kuolemista.

Mutta löydän kyllä lääkityksestäni pientä huumoriakin, usko tai älä. On aina hauskaa kuunnella nuorta farmaseuttia kenen mielestä on suloista kuinka noudan isoisäni tai isoäitini lääkkeitä.. Tuolloin minä – yhdessä jonkun vanhemman farmaseutin kanssa ketä tuntee minut – alamme nauraa. "Ne ovat minulle", kerron heille katsoessani kuinka he punastuvat vaaleanpunaisiksi niskasta otsaan asti rukoillen armoa tekemänsä virheen vuoksi. Olen ilkeä, tiedän sen.

Luku 18.

Ulkonäköni

Olen tottunut siihen, että minua tuijotetaan. Ihmiset ovat tuijottaneet minua jossain määrin jo vuoria. Ensin he tuijottivat minua koska menetin tajuni, sitten kyhmyjeni vuoksi ja kun sitten sain ensimmäisen rannetukeni minua tuijotettiin sen vuoksi..

Sain tarpeekseni siitä – Näennäisen loputtomasta tuijottamisen kierteestä.. Se ei ikinä loppuisi, joten pyysin vanhemmiltani lupaa luoda jotain mitä minussa voisi tuijottaa – Omalla luvallani. Hankin ensimmäisen tatuointini. En aio kertoa teille mitä minuun on tatuoitu. En halua yleisön jäljittelevän minua – Kunhan mainitsen sen tosiasian, että minulla on tatuointeja. Minulla on tatuointeja oikeassa kädessä, niskassa, vasemmassa kädessä on myös vähän mustetta, keskivartalossani on myös tatuointeja ja vasemmassa jalassani komeilee pieni kuva myös..

Tein myös jotain hiuksilleni.. Ihan vain sopimaan kaikkeen muuhun.

Nykyinen ulkonäköni on tapani antaa teille luvan tuijottaa.
Olkaa hyvät.

Viimeisimmässä työpaikassani, osa työkavereistani pelästyi ensin ulkonäköäni, mutta he oppivat pitämään minusta. En näytellyt tatuointejani; Käytin vaatteita mitkä peittivät useimmat niistä.

En usko, että useimmat työkaverini edes tietävät montako tatuointia minulla on. Uskon, että he hämmästyisivät.

Vanhempani ovat sinut ulkonäköni kanssa. He ymmärtävät miksi minun piti muuttaa sitä siihen mitä se on tänä päivänä. Joskus yritän uskotella itselleni, että olisin tehnyt nämä muutokset itseeni terveenäkin – Surullista kyllä.. Tiedän sen olevan valetta.

Luku 19.

Verenperinnöllä voi leikitellä

Arvatenkin koska minulla on iso perhe,
niin minulla on paljon tätejä ja setiäkin –
Vanhempani ovat myöntäneet etteivät hekään
ole tavanneet kaikkia sukulaisiamme. Se on
mahdotonta, meitä on vain liian monta.
Minusta tuntuu kuin minua häivyteltäisiin
useimpien sukulaisteni toimesta, koska heillä
on vahva tunne siitä, että päässäni on vikaa.
Minusta he ovat tulkinneet väärin tilanteen:
Vika on pääni ja sydämen välissä.. Hetkinen,
he saattavat olla oikeassa – Ehkä silmieni
takana on sittenkin jotain täysin luonnotonta.
Voin myöntää sen.

Äitini juttelee mielellään sairauksistani sukulaisillemme. Se on hänen jäänmurtajansa kaikissa sukujuhlissa minne menemme yhdessä. Olen hänen sairas poikansa, kenestä hänen tulee pitää huolta – **Äiti**, Olen aikuinen mies, ketä tarvitsee toisinaan apua, koska en ole terve.

Useimmat sukulaiseni uskovat, että tilani on jonkin ulkoisen tahon aiheuttama.. Yksi sedistäni on pappi. Olen itse tullut siihen uskomukseen, että hän tulkitsee tilanteeni siten, että olisin tehnyt jonkin kuoleman synnin ja tämä on rangaistukseni – Olen pahoillani, mutta en muista tehneeni mitään niin kamalaa.

Minua inhottaa tuottaa pettumys teille kaikille; Ei ole olemassa tietoa siitä mikä tämän aiheutti.

Isovanhempani äitini puolelta olivat aina kilttejä minua kohtaan, jopa silloin kun sain yhden kollapsin isoäitini luona hän vain toimi vanhempieni antamien ohjeiden mukaan. Isoisälläni oli epilepsia, joten hän oli tottunut näkemään tajuttomuustiloja.

Isäni vanhemmat puolestaan olivat hieman jyrkempiä. Uskoisin heillä olleen vaikeampaa sisäistää se tosiasia, että heidän pojan poikansa on sairas. He eivät halunneet minun viettävän paljoa aikaa heidän luonaan. Syntymäpäivät, joulut ja muut pakolliset sukujuhlat olivat ok: Mikä tahansa muu oli liikaa pyydetty. Ihailen silti heitä; he vain pelkäsivät tuntematonta ja tekivät parhaansa yrittäessään sietää minua. He olivat vanhoja, todella vanhoja.

Minulle on kerrottu, että heidän lapsuudessaan (isovanhempieni molemmilta puolilta) sellaiset ihmiset kuin minä; vastasyntyneet ketkä menevät yhtäkkiä veltoiksi oltaisiin vain tukahdutettu kehtppn ja se olisi ollut loppu. – En ole varma onko se totta, joten älkää yli-reagoiko. Uskoisin ihmisten vain yrittävän päästä hermoihini tuolla tarinalla, vaikka voi siinä olla totuutta mukana. Olen ollut hereillä biologian tunneilla; Kaikki uusi ja tavoista poikkeava on poistettava rodun edun nimissä , eikö vain? – Ei. Emme ole apinoita.

Yhdelläkään elossa olevalla sukulaisellani ei ole mitään oireilua mikä olisi etäisestikään samanlainen kuin minun. Korostan vielä: Ei yhdelläkään. Osa heistä on vihjaissut, etten olisi isäni poika; Koska on ollut niitä outoja tapauksia missä kaksoset ovat syntyneet eri isistä. **Minä olen** isäni poika..

Jokaikisella osalla kehostani.. Toinen juoru on,

että minut on luultavimmin vaihdettu

syntymän jälkeen laitoksella.. Sekään ei ole

totta.

Olen osa teidän surkeaa sukuhaaraanne;

Eläkää sen kanssa.

Luku 20.

Uskoni

Uskon asiat olivat joitain mistä en olisi alunperin edes halunnut kirjoittaa tähän kirjaan, mutta puhuttuani Alicen kanssa hän sai minut toisiin aatoksiin.. Joten tämä on sinulle Alice.

Olen kristitty. Ei niin iso yllätys, eihän? 'Pappi-setäni' ei suorittanut minun (tai Alicen) kastetoimitusta, jos mietitte sitä. Monet usein puhuvat vanhemmilleni (pettyneesti) siitä asiasta, etten ottanut yhteyttä setääni synkkien ajatusteni vuoksi.

Olen pahoillani. En vain halunnut tehdä niin.. Halusin puhua jollekin toiselle – Siinä kaikki. Ei ollut helppoa puhua kellekään niistä ajatuksista. *Se ei vieläkään ole helppoa.*

Kun olin lapsi joku ylipuhui äitini ajamaan keskelle ei mitään tavataksemme hengellisiä parantajia ketkä voisivat auttaa minua (kyllä, olemme kokeilleet lähestulkoon kaikkea). Olen rukoillut ja tunnustanut kaiken mitä kuvitella saattaa saadakseni anteeksi jostakin mitä olen tehnyt väärin.. Se ei parantanut minua. Älkää tulko sanomaan minulle etten uskonut siihen touhuun tarpeeksi – En kuuntele sitä enää, kiitos.

Yksi Alicen ystävistä kertoi kerran meille (ennemminkin Alicelle, mutta olin paikalla kuulemassa tämän) hänen oudosta uskomuksestaan Jumalan tavasta puhutella häntä. Hän heräsi joka aamu kelloradioonsa (haluaisin kovasti sellaisen) ja ensimmäinen laulu mikä sieltä soi oli viesti Jumalalta. Niin hän halusi ajatella. Mukava ajatus suon hänelle sen. En vain usko Hänen olevan niin suora – Miksi hän ei olisi, ihmettelette varmaankin. En tiedä. Haluan uskoa hänen olevan salaperäisempi. Hän ei halua antaa meille suoria vastauksia. Ja jos Hän tekeekin niin miksi hän ei tee niin minulle? – Vai olenko liian tyhmä ymmärtääkseni Hänen viestinsä minulle? On myös sekin mahdollisuus, että Hän puhuttelee meitä eri tavalla.

En ole niitä ihmisiä ketkä käyvät joka sunnuntai kirkossa.. Tarkoitan, on olemassa niitä sunnuntai päiviä kun en ole edes *täällä*. Siinä – Minä sanoin sen ja saatte olle vapaasti vihaisia siitä jos haluatte. On olemassa useita tapoja yhdistyä Häneen kuten on olemassa useita tapoja saavuttaa sisäinen rauha. Niin kauan kun oma tapasi ei satuta ketään se voi olla se oikea tapa, joten älä tuomitse, ok?

En ole myöskään yksi niistä ihmisistä ketkä saarnaisivat sinulle. Uskon vapaaseen tahtoon. Jos haluat uskoa, sinulla on oikeus uskoa. Jos et halua uskoa, sekin on OK minulle. Meidät luotiin olemaan erilaisia – Ollaan siis erilaisia.

Kun kävin läpi 'viimeisen taistoni' synkkien ajatusteni kanssa etsin jotain mikä vahvistaisi minua siltä varalta jos ne tulisivat takaisin. En pudonnut polvilleni ja rukoillut siihen asti kunnes taivaallinen valo alkoi loistamaan suoraan kasvoihini. Tulin vain siihen tulokseen, että oli olemassa joku ketä kuunteli minua – Että Hän oli koko ajan ollut läsnä, odottaen minun pyytävän apua (Olen sellainen ihminen, ketä ei halua apua ilman omaa suostumustani – Ironista, eikö vain?). Uskon, että Hän puhdisti mieleni itsetuhoisista ajatuksista ja sain siten kyvyn taistella itse niitä vastaan.. En osaa selittää miten tulin siihen päätelmään. Osa teistä ymmärtää mistä puhun, ne ketkä eivät.. Olen pahoillani – Minulla ei ole tarjota teille sellaista vastausta minkä haluatte kuulla.

Rukoilen. En häpeä sitä. Joinakin päivinä rukoilen useamman kerran, toisina en rukoile ollenkaan. Aluksi tunsin itseni hieman kahjoksi tehdessäni niin.. Tarkoitan vain, että olin ennenkin keskustellut jonkinlaisille äänille, mutta nyt vain minä olin äänessä – Tietämättä kuuntelisiko kukaan ja se oli pelottavaa.

Mitä rukoilen? Rukoilen voimaa kestää kipuni. Rukoilen voimia perheelleni kestää omia salaisia huolenaiheitaan. Rukoien Häntä parantamaan Alicen, rukoilen häntä parantamaan äitini. Rukoilen Häntä pesemään pois ylimielisyyden nuorimmalta isoveljeltäni.. Sellaista – Joskus kerron Hänelle kuinka päiväni on mennyt. Hän on kuin luvallinen 'mielikuvitysystävä'.

Luku 21.

Sankaritekoja

Toivon, että voisin auttaa ihmisiä enemmän koska minusta tuntuu kuin olisin sen heille velkaa, mutta tiedän että minun on epärealistista tehdä niin. Minun tulee vain elää sen asian kanssa. Silti ollessani nuorempi; Vannotin itselleni, että teen kaikkeni auttaakseni jos näen ihmisiä hädässä.

Muutama kuukausi sitten isäni sai infarktin. Olimme kokoontuneet normaalisti. Isäni vain.. Meni harmaaksi ja hänen silmänsä alkoivat pyöriä ympäri hänen päässään kuin ne olisivat ottaneet mallia maailmanpyörästä. Se oli yksi pelottavimpia asioita mitä olen nähnyt; Isäni oli jotain, minkä luulimme olevan terve.

Hänessä ei tuntunut olevan mitään vikaa. Hänen kohtauksensa sai meidät kaikki shokkiin. Osa jähmettyi täysin tuona hetkenä mutta kerrankin minä olin kykeneväinen pitämään pääni kylmänä ja toimia asianmukaisesti. Minä suoritin elvytystoimenpiteitä isälleni kun hän muuttui lähes elottomaksi. Oudoksi huipentumaksi, **Minä** komensin muita soittamaan hätänumeroon – Kyllä, käteni ovat yhä kipeät, koska isäni on raskas rakenteinen mies, mutta jokin minussa vain kytkeytyi päälle; Jotain mikä esti minua lopettamasta elvyttämisen.

Ensiapumiehet tulivat pian ja he olivat tyytyväisiä toimenpiteisiini – Isäni on hengissä ja voi hyvin. Sanoin perheelleni ettei heidän tarvitse kiittää minua siitä mitä tein. Se saa minut tuntemaan oloni epämukavaksi kun he tekevät niin. Tarkoitan, eivätkö he ole antaneet minulle ensiapua 'jokapäiväisenä' toimenpiteenä ensimmäisestä elonpäivästäni lähtien? Se toimii molemmin päin. Kummityttäreni näkee minut sankarina nyt. Hän pakotti siskoni ostamaan minulle viitan.

Kaksi viikkoa sitten olin teho-osastolla keuhkoputkentulehdukseni vuoksi. Olin jo kirjautumassa sieltä ulos kun tapahtui seuraava asia; Siellä ollut vanhempi rouva selkäkipunsa kanssa pyysi apua toistamiseen. Hoitaja jankkasi hänelle kuinka hänen tulisi lähteä ja antaa tilaa muille – keillä oli **oikeita** hätätapauksia. Ollakseni reilu, en usko kenenkään hakeutuvan teho-osastolle ilman, että heillä olisi hätätilanne?

Takaisin asiaan – En tiedä miksi; Minulla on kai sellaiset kasvot, minkä luo ihmiset hakeutuvat kun he ovat kohtaamassa enemmän kuin pystyvät omin voimin kantamaan. Tarkoitan, että olen istunut lähes kolmanneksen elämästäni sairaaloissa ja olen kuullut enemmän tarinoita ja paljastuksia kuin tavanomainen pastori 'huonona torstaina' – Rouva tuli luokseni ja alkoi itkeä. Hän kertoi minulle kuinka hän oli aikeissa lähteä hypätäkseen jostain korkealta kuollakseen varmasti, koska hän ei kestänyt kipua.

Kysyin oliko tilanne hänestä todella niin paha. Nainen nyökkäsi ja meni noutamaan takkiaan. Menin (juoksin) ilmoittautumistiskille ja sanoin kovaan ääneen mitä rouva oli juuri minulle kertonut. Kysyin miksi he eivät auta häntä. Tässä kohtaa muutamat herrasmiehet menivät juttelemaan rouvalle estääkseen häntä lähtemästä. Hieman minua vanhempi nainen tuli avukseni puhumaan hoitajille, jotta he ottaisivat rouvan sisään osastolle. Outoa kyllä, yksi hoitajista sanoi, että rouva uhkasi tappaa itsensä vain päästäkseen sisään. En tiedä oliko se temppu vai ei, mutta jos joku sanoo riistävänsä henkensä sinun tulee vastata toisen hätähuutoon: Se on yksi kirjoittamattomista säännöistä, ellei peräti maalaisjärkeä.

En tiedä mitä rouvalle tapahtui sen jälkeen. Haluaisin uskoa hänen saaneen apua selkäkipuunsa ja että hän voi hyvin. Se on outoa; Nähdä; miten paljon kipua toiset voivat käydä läpi. Toiset ihmiset kituvat enemmän kuin toiset; Minä kiduin hiljaisuudessa esimerkiksi. Mietin nyt kokikohan rouva erilaista kipua ensimmäistä kertaa elämässään? Oliko hän siksi niin epätoivoinen?

Pelastin kerran luokkatoverini (entisen luokkatoverini?) alkoholimyrkytyksen kourista. Oli valmistujaisiltamme ammattikoulusta (osa 2) ja kyseinen nainen oli juonut liikaa shotteja.

Se oli sellainen 'epävirallinen valmistujaisjuhla'; vaikka en juo alkoholia ja niin poispäin; olin kutsuttu mukaan. Kun muut joivat shotteja ja pelleilivät: Yritin parhaani pitää hauskaa tanssimalla, pelaamalla ja syömällä pizzaa. Olin lepäilemässä sohvalla kun tämä koulutoveri-nainen alkoi oksentaa rajusti tanssilattialla. Minä ja joku toinen nuori mies menimme oitis auttamaan; Me (no, minä raivasin tietä) kannoimme hänet pois muiden jaloista turvaan ja asetimme hänet kylkiasentoon.

Muiden kadotessa ympäriltä päädyin soittamaan ambulanssin paikalle, koska en saanut naista heräämään. Hän oli täysin tiedoton. Hänet vietiin teho-osastolle ja sain kuulla myöhemmin hänen kärsineen alkoholimyrkytyksestä.

Kummityttäreni nähdessä minussa supersankarin.. Minä näen itseni ihmisenä kenellä on sydän oikealla paikalla. Vanhempani kasvattivat lapsensa käyttäytymään hyvin. Ei ole raketti-tiedettä tehdä hyviä päätöksiä. Toisten auttaminen on **aina** hyvä päätös.

Luku 22.

Minä vastaan Te Kaikki

Saan ihmiset tuntemaan olonsa epämukavaksi kun he kertovat minulle ongelmistaan. Älkää ymmärtäkö väärin, kuuntelen – Kuuntelen hyvin tarkasti. Kun he lopettavat tarinansa käännän usein pöydän ympäri ja kerron heille mitä positiivia asioita he olivat jättäneet huomioimatta keskittyessään vain negatiivisiin.

Uskon, että ilman sairauksiani en olisi tällainen; Henkilö, ketä uskoo hyvään enemmän kuin pahaan. Henkilö ketä on päättänyt nähdä opetuksen ja unohtaa kivun – Olen kasvanut ihmiseksi ketä haastaa sinut näkemään hyvän ja syyn kaikessa.

Joskus oma emotionaalinen vahvuuteni yllättää minutkin. Vaikka kehoni on heikko – Mieleni menee vaikka läpi vaikka kallion.

Optimismini saa toiset tuntemaan olonsa epämukavaksi. He eivät osaa käsitellä sitä – Miten tuo mies voi hymyillä kun hänen elämänsä on tuollaista? – Jos tulisit kysymään samaa kasvotusten, vastaisin: ”Lattialla itkeminen ei johda sinua mihinkään”.

En sano näkeväni kaikkea pastellivärein – Ei. Ihmiset ovat vain ammattilaisia valittamaan. Se saa muut reagoimaan sinuun. Kun sinulla menee huonosti kaikki ovat yhtäkkiä: ”Voi Hyvänen Aika olet kiinnostavin henkilö kenet olen koskaan tavannut!!” Tiedät minun puhuvan tuossa vähän järkeä, eikös vain? Yritän vain saada tuon katalan kierteen loppumaan. Olen ollut siellä, keskellä tuota kierrettä ja katsonut sen kasvavan syöden toisten tunnetiloja ilman omaa suostumustani – Tiedän mistä puhun. Se kierre on paha ja se saa sinut voimaan pahoin; **Pysy kaukana siitä.**

Voit puhua pahoista asioista elämässäsi; se on normaalia. Mutta haastan sinut näkemään syyt sen takana. Haastan sinut näkemään mitä voit oppia siitä – Pahat asiat tapahtuvat meille siksi, että osaisimme arvostaa Hyviä asioita.

Luku 23.

Luista ja Veresta rakennettu Keho

Olen asunut kehossani jo yli kaksikymmentä vuotta. Olen asiantuntija sen kanssa – Niin olet sinäkin omasi kanssa. Mitä olen oppinut kehostani? Veen tulisi olla paksua ja Luut voivat olla joustavia.

No, veriarvoni eivät koskaan ole olleet 'oikeaoppiset'. Verenpaineeni on liian aalhainen; ja ironisesti sydänlääkkeeni laskevat sitä entuudestaan. Juon paljon kahvia ja urheilujuomia nostaakseni arvoja ylöspäin – Se on myöskin pääasiallinen syy miksi kuntoilen päivittäin. Niille ketkä eivät tiedä; alhainen verenpaine aiheuttaa huimausta kaiken muun ohella. En halua yhtään enempää

kollapseja – Voin hyvin ilman niitä.. Kun saan
kollapsin on mielessäni vain yksi *selkeä* lause
mielessäni: "**Ole kiltti äläkä murra luitasi!!**"
– Yritän välttää sitä viimeiseen asti ollessani
hallinnassa kehoni kanssa. Kun sitten teen niin
– murran luuno; lääkärit anovat apua; heillä ei
ole helppoa keinoa selvittää mikä minulta on
murtunut.

Muukalaiseni peittää suurimman osan
kaikesta, siispä he vain laittavat kaiken
pakettiin ja.. Toivovat parasta
– Ammattilaiset.

Olen hyvin notkea; Vaikkakin nykyisin
sitä on vaikeampi osoittaa kyhmyjen vuoksi –
Lääkärini eivät pidä sitä hienona asiana, että
olen notkea, mutta se ominaisuus on pelastanut
minut monta kertaa.

En ole murtanut luitani niin paljoa; kahdesti vasemman ranteeni, molemmat solisluuni ovat murtuneet kahdesti (eri aikaan) ja kerran mursin luun vasemmasta nilkastani.

Ensimmäinen luuni minkä olen murtanut oli solisluuni. Olin viiden vanha ja oli talvi. Olin kelkkailemassa alas mäkeä kun sain yhden kollapseistani ja putosin kelkasta.. Naapurissa asuva lapsi laski päältäni ja se oli siinä luu meni poikki. Silloin mikään ei ollut näköesteenä joten oli helppo nähdä mikä oli vialla.. Minun pitäisi pyytää sitä röntgenkuvaa lääkäriltäni. Kehystäisin sen seinälleni.

Luku 24.

Arki

Herään 6.30 joka aamu. Siitä asti kun vain jaksan muistaa. Nousen sängystä, otan lääkkeeni, käyn suihkussa, pesen hampaani, syön aamiaisen, annan ruokaa kiukutteleville kissoille ja suuntaan ulos asunnostani reppuni kanssa mikä on täynnä eväitä/lounasta; siltä varalta, että minut soitetaan töihin. Viikonloppuisin käyn lenkillä aamuisin, viikolla käyn myöhään iltapäivällä.

Jokapäiväinen elämäni on haastavaa. Koska minulle ei ole juurikaan lihasvoimaa. Kuntoilen kyllä, mutta sairauteni estää minua kasvattamasta lihaksia; niille ei ole tilaa kehittyä. Olen se hoikahko kaveri jääkylmine käsineen ja jalkoineen, mutta se ei ole tämänhetkinen asiani – Normaali asiat ovat haastavia minulle. Minulla on paljon apuvälineitä jotta voisin tehdä itsenäisesti asioita mitä kuka tahansa tekee miettimättä kahdesti.

Minulla on puukkoja joiden kahvat osoittavat ylöspäin, juustohöylänikin on sellainen. Minulla on lävikkö minkä laitan veteen perunoiden kanssa; voin nostaa perunat, riisit ja sen sellaiset pois vedestä niiden ollessa kypsiä polttamatta itseäni kiehuvalla vedellä. Minulla on laatikollinen erilaisia avaajia erilaisia kansia ja korkkeja varten – Saan niitä tavanomaisesti joululahjaksi. Minulla on myös sienimäinen pidike kynilleni jotta saisin niistä paremman otteen.

Minulla on tabletinhalkaisija ja
erikoistehosteiset sakset mitkä painetaan kiinni
– Minulla on kolmet sellaiset. Talviaikaan
käytän piikkejä kengissäni estääkseni itseäni
kaatumasta ja murtamasta luitani.

Mitä muista hienoja välineitä minulla
on..? – SOS-riipus, mikä roikkuu mukavasti
ketjussaan. Se on maksanut itsensä takaisin
melko mukavasti. Minulla on ranne- ja
nilkkastuet. Ne ovat mustat (haluaisin beiget).

Haluaisin välineitä mitkä auttavat
minua kirjoittamaan. En voi kirjoittaa kovin
pitkiä aikoja; käsiäni alkaa särkeä liikaa.
Kuvaan suurimman osan vlogina – Minulla on
yksi muistikortillinen täynnä 'Painajais-
päiväkirjaa' esimerkiksi.

Käytän myöskin kännykkääni nauhurina ja muistiona. Tekniikka toimii, mutta se on vain kovin hidasta.

Luku 25.

Tulet olemaan siellä

Paulin polttarit ovat tulossa..
Väistämättä. Se tarkoittaa myös sitä, että
hänen hääpäivänsä lähenee. Tunnen suurta
ahdistusta siitä. Paul yrittää parhaansa
puhuakseen morsiamelleen saadakseni luvan
istua seremonian aikana; koska en voi seistä
pitkiä aikoja paikallani – Sydämeni ei toimi
kunnolla silloin.

Kun kummitytärtäni kastettiin sain
'*kollapsin*' mikä oli kaukana muista mitä saatan
muistaa; En ollut koskaan kokenut mitään
sellaista. Seisoin paikallani ja katsoin
vanhempaa siskoani hymyilemässä,
kuuntelemassa setäni puheita muiden ottaessa

kuvia. Sitten kaikki meni sumeaksi ja kaikki äänet tuntuivat etääntyvän. Pääni tuntui siltä kuin joku olisi asettanut siihen jäätä ja se olisi sulanut hitaasti. En kyennyt liikkumaan – Olin kuin patsas; Seisoin vain siinä.

Vanhemman siskoni mies videoi tapahtumaa ja huomasi, että minussa on jokin vialla. Muistan muiden heilutellen käsiään edessäni kysellen olenko kunnossa. En kyennyt vastaamaan – Olisin halunnut mutta kuten sanoin; En kyennyt liikkumaan. Muut yrittivät asettaa minut istumaan mutta äkilliset liikemuutokset saivat aikaan kollapsin. Minut vietiin sairaalaan missä minua pidettiin tarkkailussa jonkin aikaa. Minulla on tapahtumasta videokooste..

Näytin sen lääkärilleni ketä kertoi minulle, että olin kokenut pienimuotoisen shokin. Jos seison paikallani liian kauan voin mennä shokkiin. – Vihaan elämääni.

Paul vaatii minua pysymään sulhaspoikana, vaikka joutuisinkin seisomaan koko tilaisuuden ajan. "Sinä olet siellä minun vuokseni!", hän sanoi minulel toissa päivänä.. Olen harkinnut yrittäväni tehdä sopimuksen hänen morsiamensa kanssa. Jos harjaan hiukseni normaalin värisiksi= Saanko sitten luvan istua?

Luku 26.

Usein kysytyt kysymykset

Tämän luvun idea tuli minulle kahvilassa. Yrittäessäni ostaa kupillista kahvia olinkin yhtäkkiä haastateltavana kahvilatyöntekijän toimesta. Kaikki hänen kysymyksensä olivat sellaisia mitä olen kyllästynyt kuuntelemaan. Ymmärrän ihmisten olevan uteliaita luonnostaan.. Mutta tässä ne ovat: Vastaukseni useimmin kysyttyihin kysymyksiin kahdesta aiheesta mistä ihmiset eivät tunnu saavan tarpeekseen.

Kaksosena oleminen

1. (Mitä!) Olet kaksonen? – Kyllä.
   Taisin sanoa juuri niin.
2. Oletteko identtisiä? – Emme
   (Vakavasti ottaen, tämä on **aina**
   ensimmäinen tai toinen
   kysymys).
3. Oletteko molemmat poikia? –
   Emme.
4. Joten, kaksosesi on tyttö? – Ei,
   hän on hirvi. Tottakai hän on
   tyttö jos hän ei ole poika.
5. Näytättekö samallaisilta? –
   Kuten sanoin aikaisemmin.
   Minä olen poika ja hän on
   tyttö.. Päätelkää itse.
6. Kumpi teistä vanhempi? –
   Miksi välität tietää tämän?
   Oikeasti?

7. Voitteko tuntea toistenne kivun? – Kiitos kaikelle hyvyydelle, että emme. En haluaisi satuttaa Alicea niin.

8. Voitteko lukea toistenne ajatuksia? – Öö.. Emme.

9. Millaista oli kasvaa aikuiseksi kaksosen kanssa? – Millaista sinun oli kasvaa aikuiseksi?

10. Saanko nähdä kuvan teistä kahdesta? – Et. Oikeasti, et.

Sairauksieni kanssa eläminen

1. Eli, sinulla on epilepsia? – Ei. Minulla ei ole epilepsiaa.

2. Jos väläyttelen valolla sinua päin, niin menetätkö tajuntasi? – Kuten sanoin, minulla ei ole epilepsiaa, mutta hyvä on

myönnettäköön; Toisinaan ulkoinen stimulantti saa aikaan tajunnanmenetyksiä. Vannon silti, että jos et lakkaa väläyttelemästä valoa suoraan minua päin niin tulen menettämään vain malttini.

3. Miksi et voi sanoa diagnoosiesi nimiä suomeksi? –Koska niille ei ole annettu suomenkielisiä nimiä.

4. Jos saat kollapsin nyt.. Mitä minun pitäisi tehdä? – No.. Jos vaikka soittaisit 112? Tarkoitan vain, että jos et aidosti tiedä miten sinun tulisi toimia kun sinulla on tajuton ihminen edessäsi; Tuon puhelinsoiton tekeminen olisi viisain aloitus.

5. Millaista on elää kyhmyjesi kanssa? – Se on parasta mitä minulle on tapahtunut koko elämäni aikana!! Oletteko te aivokuolleita tai jotain? Miltä luulet, että tuntuu elää niiden kanssa. Miltä sinusta tuntuisi elää jonkin tällaisen kanssa?

6. Mikä on huonoin asia sairastelussasi – Voisit luulla, että vastaus olisi tajunnan tason ylläpitämisen vaikeus, mutta ei. Minulle on vaikeinta hyväksyä rajoitettu itsenäisyys. Minun täytyy tukeutua toisten apuun lähes päivittäin ja rehellisesti sanottuna en pidä siitä, että minun tulee tämän tästä pyytää apua.

7. Tunnetko kipua koko ajan? –
Kyllä. Joskus enemmän,
toisinaan vähemmän.

8. Miltä se tuntuu sitten, se kipu?
– Ajattele sitä näin.. Se ei ole
pelkästään kipu minkä kanssa
minun täytyy tulla toimeen. Se
on myös se rajoitettu
liikkuvuus, minkä kipu
aiheuttaa.. Ajattele seisovasi
kädet ja jalat harallaan ja joku
vuoraisi ihosi tahmealla hillolla
päästä varpaisiin. Sen jälkeen
joku laittaisi kaikkea.. Sanotaan
nyt vaikka nuppineulan pään ja
saksanpähkinän kokoisia
esineitä joka puolelle kehoasi,
siihen hillon päälle.

Tämän jälkeen sinut vuorattaisiin vielä kelmuun. Lisää kaikkeen edelliseen pahin kokemasi kipu koko kehoosi ja siinä; Minä **hyvänä** päivänä ja en lisännyt vielä sydänvikaani tähän skenaarioon.

9. Miksi olet sairas? – Kukaan ei tiedä.

10. Etkö voi vain mennä leikkaukseen tai jotain? – Ihmettelen, että miksi en tullut itse ajatelleeksi moista. Olenpas tyhmä.

11. Paranetko koskaan? – Ehkä kuolemani jälkeen?

Luku 27.

Anna takaisin

Perheelläni on tiukka
vapaaehtoistyöpolitiikka – Siihen on pakollista
osallistua. Me kaikki olemme mukana
sellaisissa toimissa.. Yhteisölle takaisin
antaminen on iso juttu – On aina ollut. Siitä
asti kun olin lapsi olen osallistunut moniin
tapahtumiin; olin sitten vapaaehtoisena
joulujuhlissa mikä on pidetty kodittomille tai
rahojenkeruu tapahtumissa yhteisötalolle tai
kirkolle – Me olemme – ja tulemme olemaan
paikalla.

Henkilökohtaisesti pidän enemmän
yhteisökeskuksen tapahtumista. Useimmat
ihmiset tuntevat minut siellä hyvin ja tietävät,

että minua on turha kirjata rakentelemaan tai nostelemaan raskaita asioita, mutta voin tehdä ruokaa, leipoia, siivota auttaa järjestelemään vaatelahjoituksia ja sen sellaista. Kerran tein kasvomaalauksia tapahtumassa missä kerättiin rahaa yleisen leikkikentän korjaamiseen. – Se on nyt hyvässä kunnossa, tykkään viedä kummityttöäni veljensä kera sinne.

Vapaaehtoistyö ei ehkä auta minua maksamaan laskujani; mutta se saa minut tuntemaan oloni paremmaksi itsesäni.. Vaikka minulla olisi hyvin vähän varaa itselläni; Annan aina osan vähästäni hyväntekeväisyyteen. Minut kasvatettiin toimimaan huomaavaisesti niitä kohtaan ketkä omistavat vähemmän kuin minä – Olen kiitollinen siitä.

Luku 28.

Taide eri muodoissaan

Joku on sanonut jossain, että taiteen tarkoitus on aiheuttaa reaktiota siihen, ketä altistuu sille.. Tai niin muistan kuvataiteen opettajan jankanneen tunneillaan. Toivon sinun kokevan jotain lukiessasi tätä kirjaa.

Alicen valitessaan tavoitteekseekseen opiskella taidealan ammattilaiseksi tekemään mielettömän hienoja maalauksia ja niin edelleen.. Minulla tuntui olevan enemmän taitoa ilmaista itseäni sanoilla. Ei sillä, ettenkö olisi hyvä piirtämään.

Olen siinäkin hyvä, mutta siinä missä Alicella menee puoli tuntia aikaa piirtää muotokuva jostain henkilöstä saan aikaiseksi jotain samankaltaista viikossa – Kunhan kerron verrannoksi.

Jotkin tatuoinneistani olen suunnitellut itse. Kirjaimellisesti piirsin kuvan ihooni ja pyysin tatoijaa ikuistamaan piirrokseni iholleni. En suosittele tekemään niin (tai hankkimaan tatuointia ylipäätään) ellet ole aivan varma, että haluat katsella valitsemaasi kuvaa seuraavat kuusikymmentä vuotta. Taiteilijani tuntee minut ajalta kun olin hädin tuskin kuuttatoista vuotta, joten hän tuntee minut ja päättäväisyyteni näissä asioissa. Kaikille heille ketkä ovat kuolemaisillaan jo halutessaan tietää vastauksen: Ei, en ole ainoa perheessäni kenellä on tatuointeja. Useimmilla meistä on niitä.

Taide on aina ollut minulle tapa kertoa muille mitä pääni sisällä tapahtuu. Voin yhä katsoa vanhoja kuvia mitkä olen tehnyt niihin aikoihin kun elin synkintä aikaani. Kokemani kipu näkyy niissä selvästi. Värit ja muut kielivät siitä. Ihmettelen miksi kuvaamataidon opettaja ei sanonut minulle mitään? Eikö hänen olisi ammattilaisena pitänyt ymmärtää? Oletan, ettei hän välittänyt.. Hänelle tuntui olevan tärkeämpää saada tehtävät tehdyksi enemmän kuin arvioida mitä tehtävät piti itseasiassa sisällään.

Äidinkielen opettajani näki kivun kirjoitusteni takana. Useimmat niistä sisälsivät väkivaltaisia teemoja ja hän mainitsi siitä minulle usein. En kyennyt lopettamaan ja hän lopulta lakkasi tuomasta asiaa esille. Ehkä hän luuli, että se oli tyylini kirjoittaa asioita – Että

halusin tietoisesti rikoskirjailijaksi tai jotain.
Olen pahoillani. Se ei ollut tarkoitukseni. Olin
vain sekaisin – Vahvasti. Toivon, että olisin
voinut ilahduttaa opettajani edes kerran
iloisella tarinalla. Olin kykenemätön
kirjoittamaan mitään sellaista. Käteni olivat
kirottu kirjoittamaan ulos ahdinkoani. Toivon,
että tämä kirja pyyhkii pöydän puhtaaksi
Rouva K.

Musiikki on taiteen muoto, mitä
harjoitan nykyisin kuuntelun muodossa,
vaikkakin muut ovat kehuneet lauluääntäni
(Minut on tavoitettu laulamassa erinäisissä
tapahtumissa; töissä, kaverien kanssa ja niin
edespäin). En suunnittele siitä itselleni uraa tai
mitään; kollapseja saavasta laulajasta voi olla
hauskaa lukea viihdeuutisista.. Ellet ole itse
hän kenestä uutinen kertoo

Osaan myös soittaa pianoa –
Kohtuullisen hyvin. Kun isäni puoleinen isoisä
kuoli moni laului surullisia virsiä hänen
muistotilaisuudessaan; mikä sai isoäitini
itkemään sydäntä särkevästi. Hän ei ollut
koskaan minua kohtaan erityisen lämmin
ihminen, mutta hänen näkemisensä niin
surullisena sai minut tuntemaan pahaa oloa.
Paikassa missä tilaisuus järjestettiin oli piano
mitä sai vapaasti käyttää, mutta kukaan ei ollut
vielä koskenut siihen. Siispä ilman toisia
ajatuksia aloin soittamaan isoäitini lempilaulua
sillä (olin kysynyt sitä ennen isältäni mikä
hänen lempilaulunsa oli ja isäni oli enemmän
kuin iloinen yrittäessäni piristää hänen
äitiään). Isoäitini alkoi hymyilemään ja
lopetettuani hän halasi minua (hän harvoin teki
niin minulle). Ehkä minun tulisi ostaa piano ja
alkaa ylläpitää taitojani sen kanssa..

Piirrän tai kirjoitan jotain niin usein kun voin. Siten minun on helppo tarkkailla mieleni tilaa. Se tekee pienen muutoksen kaikkeen. Ehkä jonain päivänä ymmärrän mitä mielessäni liikkuu ilman apukeinoja.

Luku 29.

Takaisin töissä

Minut soitettiin töihin tänään. Muilla oli ollut ikävä minua viime kerrasta asti. He olivat kyllä pettyneitä hiuksiini; Ne ovat tummanruskeat nyt vähän aikaa. Kerroin heille syyn – Että ystäväni on menossa naimisiin ja yritän näyttää parhaimmalta versiolta itsestäni. Heidän mielestä näytän parhaimmalta itseltäni hiusteni ollessa eriväriset. – Minun täytynee myöntää, että katsoessani itseäni 'normaalien' hiusten kera tunnen oloni oudoksi.

En kertonut työkavereilleni kirjoittavani tätä kirjaa. En vain kokenut aiheelliseksi jakaa heille sitä tietoa.. He kyllä tietävät minun kirjoittelevan asioita.

Haluan vain pitää kirjailija-minän ja sen toisen minän kaukana toisistaan.

Rakastan työtäni, vaikka pääsenkin toteuttamaan sitä vain lyhyiksi ajoiksi kerrallaan. Tämäkin keikka kestää vain kolme päivää (tai niin minulle sanottiin alustavasti, mutta en ottaisi pahakseni jos joku muukin sairastuisi; lisää rahaa minulle). Pomoni oli innoissaan kun vastasin puhelimeeni aamulla. Olen hänen ensimmäinen vaihtoehtonsa enkä ole koskaan pettänyt hänen luottamustaan, koska tiedän, että mikäli hänellä olisi enemmän valtaa niin olisin yhä töissä heillä.

Pomoni on hyväsydäminen, mutta hänen tietokonetaitonsa ovat todella kehnot – Mikä näkyy yleensä viivästyksenä palkanmaksuissani (jotain, mikä todella häiritsee minua).. Kun hän palkkasi minut hän näki minut ihmisenä. Minun oli pakko kertoa hänelle sairauksistani ja hän sanoi vain että katsoisimme kokeiluajalla kuinka sairauteni vaikuttaisi työpanokseeni – Hän antoi minulle mahdollisuuden ja kiitän häntä siitä lopun ikääni. Vaikka minulle sattuikin töissä kaksi työtapaturmaa liittyen sairauksiini minut silti kohdattiin töissä 'terveenä, ahkerana kaverina' – Sairastan epidemiapohjaisia tauteja **kerran/kaksi** kertaa vuodessa. Kuten normaalit ihmiset.

Huomasin, että osa vanhoista työkavereistani oli kirjoittanut aloitteen saadakseen minut takaisin töihin. Se lämmitti sydäntäni. En odottanut heidän tekevän mitään sellaista. Mutta tuollainen pieni ele sai minut tuntemaan oloni enemmän tervetulleeksi, arvostetuksi. Kiitin heitä kaikkia sydämeni pohjasta nähtyäni aloitteen seinällä.

Siihen oli kerätty jo paljon nimiä, huolimatta siitä, ettei aloite ollut kovin vanha.

Jotkut työkavereistani tulivat halaamaan ja kättelemään minua kauempaakin kuullessaan minun olevan talossa taas. Koko päivä oli täynnä halauksia ja hymyjä. Se oli kuin jälleennäkeminen; Vaikka en ole ollut edes poissa kovin kauaa.

Välittämättä siitä kuinka iloinen **olen töissä**.. Alan väsyä yrittäessäni hakeutua pitkäaikaiseen työsuhteeseen. Olen vain.. Saanut tarpeekseni; Loputtomaan stressin kierteeseen, nöyryyttämiseen, selittelyyn.. Miksi sen pitää olla näin vaikeaa? Jotkut sanovat että avain asia on *haluta* sitä. Sinun täytyy *haluta* töitä.

Te ketkä sanoitte noin.. Olkaa hyvä ja pysykää hiljaa. Teillä ei selkeästi ole pienintäkään aavistusta mistä te puhutte.

Tiedän jo, että takaisinmaksusuunnitelmani syö suurimman osan palkastani. Sillä ei ole niinkään väliä.

Ainakin minulla on *vähän* extraa mitä käyttää Paulin häälahjaan (ostan sen puoliksi Kevinin kanssa, mutta silti).

Luku 30.

Paulin häät

Paul on nyt virallisesti naimisissa ja arvatkaaa kuka **ei saanut** kohtausta seremonian aikana? Olen hyvin tyytyväinen itseeni siitä syystä. Paulin *vaimo* ei antanut minulle lupaa istua (vaikka värjäsinkin hiukseni), mutta Paulin nuorempi veli ja yksi morsiusneidoista pitivät huolta minusta.

Seisoin ihan hyvin seremonian ajan ja sen jälkeen kun Paul ja hänen vaimonsa lähtivät alttarilta lähdimme seuraamaan heitä kiiruhtaen samalla kulissien taakse missä pidin päätä polvieni välissä ja tankkasin järjettömän määrän urheilujuomia itseeni.

Sitten menin pienen siistimisen jälkeen joukkokuviin; ilman, että ketään olisi uskonut mitään tavallisesta poikkeavaa olleen edes tekeillä.

Tunsin huimausta päivän aikana, mutta onnistuin toimimaan siitä huolimatta. Paul sanoi minun murehtineen turhaan. En sanoisi asian olevan ihan niinkään. Seuraavana päivänä häistä menin tavanomaiselle lenkilleni. Kaksi koiranulkoiluttajaa löysivät minut tajuttomana maasta. Uskoisin kollapsin siirtyneen vain 'muutamalla' tunnilla.. Mutta ainakin Paul sai pitää hienot häät ilman että minä pilasin mitään.

Ai niin, melkein unohdin mainita Paulin polttarit; olipas törkeää minulta. Ne olivat hyvin järjestetyt. Kevin oli suunnitellut ne viimeisen päälle, meitä oli kolme vanhaa koulukaveria, Paulin veli ja muutama serkku sekä muutama nuori mies keitä en tuntenut entuudestaan.

Meillä oli oikein hauskaa. Puimme Paulin valkoiseen pukuun ja kravattiin ja häntä kannettiin ympäriinsä 'Kultaisessa Tuolissa', jotta kaikki näkisivät ettei hän ole vapailla markkinoilla – Tai se oli Kevinin idea. Tuoli sai Paulin oikeastaan voimaan pahoin, mutta hän siitä huolimatta pysyi siinä.

Luku 31.

Huimaus

Yksi sydänvikani oireista on huimaus.
Oire tulee esiin monta kertaa kuussa –
Lääkityksestä huolimatta. En puhu
tavanomaisesta pienilaatuisesta huimauksesta
ja huonosta olosta; huimaukseni on syvästi
linkitetty neurologiseen osaan vaivastani.

Joskus huimaus vain hiipii ylleni. Se on
kamalaa – Voin olla tekemässä mitä tahansa;
istumassa ja kirjoittelemassa, syömässä,
pelaamassa ystävien kanssa, lenkillä.. Sitten se
vain iskee. Tunnen vain jonkin olevan vialla.

Kun tunnen itseäni huimaavan; muutun kömpelöksi ja minun on vaikeaa puhua – Minun on jopa vaikea ajatella selkeästi; Minusta tuntuu kuin pääni sisällä olisi pilvi mikä estäisi minua tekemästä asioita.

Nuo oireet ovat selkeä merkki siitä, että veri ei kierrä päässäni oikein. Itseasiassa se on oire, mikä ilmoittaa kehoni yrittävän sammuttaa itseään.. Kuinka selitän tämän niin, että ymmärrätte asian ytimen, miksi tämä tulee ottaa vakavasti? *Kehoni yrittää tappaa minut* – Siinä. En tiedä yhtään kohteliaampaa tapaa kertoa asiasta selkeämmin.

Jos satun olemaan yksin oireiden alkaessa soitan jollekin välittömästi koska on vaarallista minulle olla täysin yksin tuossa kohtaa.

Ollakseni rehellinen se on kenelle tahansa vaarallista olla yksin jos he kärsivät aivoverenkierron häiriötilasta.

Mitä teen estääkseni tuota kaikkea tapahtumasta? No minulla on yliherkkyys kofeiiniin. Käytän tuota yliherkkyyttä hyödykseni; Juon järkyttäviä määriä kahvia ja energia-/urheilujuomia pitääkseni itseni liikkeessä (**En suosittele** kenellekään!!) – Kahvista ja energiajuomista saatu kofeiini ja suola urheilujuomista nostavat verenpainettani ylöspäin.

Yleensä yllättävät tilanteet lyövät minut jaloiltani; ja silloin saatat löytää minut maasta/lattiasta jalat ylhäällä, syömässä suolaa (se tavara maistuu pahalta sellaisenaan, mutta se on nopein tapa nostaa verenpainetta).

Luku 32.

Nopeasti kirjoittamista

Olin lainaamassa itselleni muutamaa kirjaa kirjastosta kun sitten päätinkin jäädä sinne hetkeksi. En jaksanut tapella työpöytäni herruudesta kissoja vastaan.

Olin niin keskittynyt kirjoittamiseeni; lisäämiseen ja poistamiseen, että yllättävä ääni sai minut säpsähtämään. ”Kirjoitat todella nopeasti” – yksinkertainen lause hiljaisuudessa. Sen sanoi minulle nuori nainen ketä seisoi vieressäni. Katsoin häntä hänen katsoessaan minua. Hän tuijotti käsiäni, otti syvän henkäyksen shokin vallassa ennen kuin hän kuiskasi;” Anteeksi”. ” Kaikki on hyvin”, Kerroin hänelle.

Hän puolestaan poistui paikalta sellaisen ilme kasvoillaan kuin hän olisi jutellut kuolemsairaalle –Vai oliko kenties äänessäni tai ulkoasussani jotain luotaantyöntävää?

Olen ottanut merkille, että jotkut ihmiset tulkitsevat minut väärin, koska ulkoasuni saattaa johtaa harhaan. En ole niin pahoillani siitä – Se auttaa minua vähentämään tarpeettomia kohtaamisia.

Jonkin ajan kuluttua sama nainen – yllättävästi – tuli takaisin. Hän oli kokenut huonoa omaatuntoa kun hän lähti pois sillä tavalla ja hän halusi pyytää anteeksi. Annoin hänelle anteeksi. Ei sillä, ettenkö olisi tottunut siihen, että ihmiset reagoivat minuun sillä tavalla, mutta tämä oli niitä harvoja kertoja kun joku pyysi anteeksi siitä.

Sen sijaan, että hän olisi kysynyt käsistäni mitään.. Hän halusi tietää mitä kirjoitin. Hän oli katsellut minua tovin kun olin tuskaillut koneeni ääressä. Kerroin mitä olin tekemässä – Että kirjoitin kirjaani. Hän oli hyvin innostunut aiheesta ja ensimmäistä kertaa pitkään aikaa minun ei tarvinnut selittää elämäntarinaani sairauksistani ennen kuin saisin puhua mistään muusta. Hän vaikutti todella mukavalta ihmiseltä sen jälkeen kun hän ylitti oman mukavuusalueensa, pelkotilansa – Ne ovat niitä vaikeimpia taisteluita käydä läpi. Ei ole helppoa myöntää pelkäävänsä ensin jotain ja sitten kohdata sitä.

Luku 33.

Muutokset

"Jos voisit muuttaa jotain itsessäsi –
Ihan mitä tahansa; Mitä se olisi saadaksesi
tämän työn?" – Tämä kysymys on ajanut
minua hulluuden partaalle jo viikon ajan.
"Mitä?" oli ensimmäinen vastaukseni, en
valehtele. Rehellisesti sanottuna luulin hänen
laskevan leikkiä. Hän kysyi kysymyksensä
uudestaan ja tällä kertaa vastasin ilman
epäröintiä: "En mitään". Mies putosi miltein
tuoliltaan. Hän vaati saada tietää miksi en
muuttaisi itsessäni mitään samalla kun hän
mulkaisi minua sellaisella arvostelevalla
katseella millaista en ole koskaan aikaisemmin
saanut osakseni. Kerron sinulle nyt saman mitä
kerroin hänelle paikan päällä. "Jos minun

pitäisi muuttaa itsessäni jotain se tapahtuisi jostain muusta syystä kuin työpaikan saamisen takia". – Ei. En saanut kyseistä työtä.. Mutta ollakseni rehellinen en haluaisi työskennellä sellaisessa yrityksessä missä työntekijät ovat noin.. Sieluttomia.

Ainoa asia miksi saattaisin muuttaa itseäni on paremmaksi ihmiseksi. Kun ajattelen asiaa lisää niin teen kyllä kaikkeni rakastamieni ihmisten eteen tai heidän puolesta keistä välitän – Voisin jopa muuttaa itseni joksikin mitä en muuten olisi.. Mutta muutosten on tapahduttava ihmisen omasta halusta; muuten se on vain kiero vääntymä – Vääristymä ja eivät sellaiset kestä mitään.

En kerro jollekin ventovieraalle haastattelijalle miten paljon haluaisin olla terve. Se on vain hyvän tavan vastaista –

Kysyä jotain noin henkilökohtaista henkilöltä kenet olet juuri tavannut. Millainen ihmisen pitää olla, että hän haluaa nähdä sellaista kärsimystä toisista? – Tuntematta toisianne lainkaan haluat avata heidän syvimmät arpensa ja oletat sen olevan ok? Herra Haastattelija, uskoisin sinun olevan jotenkin henkisesti sairas..

Haluaisitko muuttaa sen asian itsestäsi?

Luku 34.

Tarkastus

Olin rutiininomaisessa tarkastuksessa. Teen niin kerran vuodessa. Se tarkoittaa sitä, että minut testataan monella eri tavalla. Magneettikuvat, verikokeet, sydänfilmit.. Ne näin **alkajaisiksi**. Ei se ole hauskaa tai mitään, mutta niin on pakko tehdä.

Verikokeet ovat ihan ok, vaikka en ymmärräkään miksi niitä pitää ottaa. Lääkäri toki selittää asian minulle salakielellä mikä saa minut tuntemaat itseni idiootiksi kun en ymmärrä mistä hän puhuu. Sydänfilmienkin ottaminen on puolestani ok.

Mutta magneettikuvat.. Pahin painajaiseni, ei pelkästään tatuointieni vuoksi (tatuoinneissa on melko usein metallia, magneettikuvaus ja metalli eivät pidä toisistaan. Eli, jos sinulla ei ole vielä tatuointeja ota tämä huomioon: Magneettikuvaus voi pilata tatuointisi). Se johtuu siitä että minun tulee olla päästä varpaisiin magneettikuvauskoneessa. Ja se on ongelma, iso ongelma.

Ensimmäinen päästä varpaisiin kuva otettiin minusta ollessani kahdentoista.. Se ei tuntunut tuolloin miltään. Sen ajanjakson jälkeen milloin elin synkkien ajatusteni kanssa (Tarkoitan puoli vuotta sen jälkeen) menin koneeseen kuten kaikilla aikaisemmilla kerroilla.. Mutta kun olin siellä sisällä.. Aloin huutamaan ja itkemään paniikissa – 'Tämä on arkku', mieleni huusi minulle.

Luonnollisesti, minut otettiin pois
magneettikoneesta välittömästi. Häpesin
käytöstäni. Kuitenkin, kun sain itseni
rauhoiteltua ja sain kerrottua hoitajille mikä
minuun oikein meni – mitä olin tuntenut ja
miksi – he olivatkin yllättävän suopeita ja
tukevia minua kohtaan. Minut laitettiin
takaisin koneeseen ja joku hoitaja, luulisin,
puhui minulle koko ajan. Hän luki minulle
jopa uutiset – Mutta niin. Magneettikuvaus ei
ole minun juttuni alkuunkaan. Se tuntuu siltä
kuin minut oltaisiin tungettu arkkuun. Se on
valkoinen arkku mikä pitää kamalaa meteliä.

Tuloksiin. Sydämeni vaikuttaa olevan
entisellään; flunssan ja
keuhkoputkentulehduksen jälkeenkin, vaikka
oli stressia Paulin häistä ja niin edelleen.
Lääkäri vaikutti olevan tyytyväinen

säännöllisiin aterioihini. Toinen saurauteni tuntuu olevan levinnyt hieman lisää selkäni puolelle ja kirjoittaminenkin on kuluttanut käsiäni hieman. Minun tulisi vähentää sitä. Lupasin yrittää.

Luku 35.

Minulle riittää

Paha enne otsikossa, pahoitteluni. Viittaan tällä kertaa saaneeni tarpeeksi työnhausta tällä erää. Olen ollut kolmessa haastattelussa tällä viikolla.. Ja tällä hetkellä taistelen vastaan halua lyödä pääni seinään turhautumiseni vuoksi. Miksi he saavat minut tuntemaan kuin olisin paha ihminen? "Miksi **sinä** haet tähän työhön?" No koska.. Ilmoituksenne antoi ymmärtää teillä olevan vapaa paikka? – Kuka tässä oikein on idiootti? Kaikissa paikoissa missä kävin tällä viikolla annettiin minulle suoria sanoja tai piilotettuja viestejä siitä että en ollut haluttu henkilö työtehtävään..

Itseasiassa yksi heistä kertoi kuinka naiivi olen halutessani töihin kun voisin hakeutua suoraan sairauseläkkeelle.

Sairauseläke. Vihaan sitä ideaa. Tuo sana maistuu niin happamalta suussani. Olen hyvin tietoinen siitä, että voisin hakea sitä helposti.. Mutta en halua. Minulle sana 'sairaus' on henkilökohtaisesti kirosana. Haluan kutsua itseäni 'fyysisesti rajoittunut' – Tiedän, että se on typerää, mutta se ei kuulosta korviini niin pahalta kuin toinen vaihtoehto.

Olenko muuttumassa Don Quixoteksi? Haastanko minä tuulimyllyjä? Pitäisikö minun antaa myöden valtaväelle tässä asiassa? Miksi oma mielipiteeni on niin heikko? – Miksi se on heikko ja merkityksetön kun kyseessä on oma elämäni ja mielihaluni?

Tuntuu kuin olisin uppoamassa – Minusta todella tuntuu siltä. Perheeni on huolissaan ja ystäväni ovat huolissaan. He tietävät mitä olen tehnyt tällä viikolla – Miten karusti minua on kohdeltu. He ovat yrittäneet piristää minua, mutta olen vain väsynyt tähän kaikkeen. Yritän muistuttaa itseäni kaikista niistä syistä miksi edes yritän, mutta pääni on tyhjä – En pysty sitoutumaan omiin sanoihinikaan. Niin sekaisin olen tällä hetkellä ja se on aika paha asia.

Luulen, että tarvitsen pienen tauon.

Luku 36.

Eristä Itsesi

Vaikkakin kappale loppui siihen, että sanoin pitäväni tauon – En pitänyt sitä. Kanavoin kaikki turhautumiseni kappaleisiin 13 ja 38 (luonnollisesti, tein videoita ja kirjoitin ne myöhemmin puhtaiksi). Sen jälkeen koin oloni sen verran rauhoittuneeksi, että kykenin tekemään jotain muuta.

Olen aina pitänyt matkustamisesta. Olen ollut vain kerran ulkomailla; vain kerran. Se oli koulumatka ja jouduin käyttämään järkyttävän paljon uskottelua siihen, että sain vanhemmiltani luvan osallistua siihen – Opettajani eivät uskoneet ensin vanhempieni antaneen minulle lupaa lähteä; he soittivat vanhemmilleni varmistaakseen asian (seisoin opettajieni kanssa bussin edessä heidän varmistaessaan, etten ollut väärentänyt vanhempieni allekirjoituksia lupalomakkeeseen).

Kun olin lapsi matkustelimme melko paljo perheenä. Pidin kovasti niistä matkoista. Kuitenkin sydämeni kunnon alkaessa mennä huonompaan suuntaan se kaikki päättyi. Tunsin pahaa oloa siitä. Rukoilin vanhempiani etteivät he tekisi sisaruksiani onnettomiksi, etteivät he rankaisi heitä sairasteluni vuoksi – Se oli hyödytön taisto.. Luulen, että lääkärinkäyntilaskuni olivat osasyy päätökseen. Isäni yritti toisinaan piristää meitä pienillä automatkoilla. Se oli parasta mitä hänellä oli tarjota ja olen kiitollinen hänelle siitä.

Jos voisin läpäistä terveystarkastuksen mitä vaaditaan ajokorttia varten hankkisin kortin ja matkustelisin niin paljon kuin mahdollista; Niin paljon opin rakastamaan sitä. Yllättävää kyllä, osaan ajaa autoa (siihen ei tarvita korttia). Osaan oikeasti – Isäni opetti minut ajamaan; koska uskoimme siitä olevan minulle mahdollisesti hyötyä hätätilanteessa.

Kevin, Paul, Aaron ja minä suunnittelemme tekevämme jonkinlaisen matkan ensi kesänö. Olettaisin Paulin vaimon ja Kevinin kihlatun tulevan mukaan. Emme ole jutelleet vielä matkamme yksityiskohdista ja yritämme suunnitella ylipäätään *milloin* matkamme tapahtuu. En ole puhunut paljoakaan vanhemmilleni tästä matkasta – En halua heidän alkavan murehtia tyhjän takia. Pojat ja minä tiedämme riskit mitä koituu siitä että olen mukana tällä reissulla. Ja silti luulen olevani viimeinen henkilö kenestä meidän tulisi olla huolissamme; Minulla, Kevinillä ja Paulilla ei ole aavistustakaan mitä tapahtuu jos Aaron ei pääse pelaamaan videopelejään..

Tämän kappaleen aiheeseen. On olemassa eräs paikka minne tykkään mennä kun koen olevani alla päin. Voin mennä sinne ihan itsekseni. Se on paikka minne menen selvittämään ajatuksiani; Joskus on pakko mennä ulos kehyksistä ja olen oppinut irroittamaan itseni kaikesta voidakseni olla ulkona niistä.. Teen niin voidakseni hiljentää alaspäin vetävät äänet pääni perukoilta – Voidakseni kuunnella itseäni.

Siellä, eristetyssä paikassani.. Kaikki tuntuu niin pieneltä ja mitättömältä. Se saa minut muistamaan, että vaikka minulla olisi mitä tahansa murheita..

Useimmat niistä on yhteiskunnan paineen aikaansaamia. Sinun ainoita murheen aiheitasi tulisi olla se kuinka osoitat välittäväsi lähimmäisistäsi ja että onko sinulla ruokaa jääkaapissasi.

Luku 37.

Takaisin kirjastossa

Olin taas kirjastossa. Hän tuli taas.
Nainen, ketä puhui minulle viime kerralla. Hän
halusi tietää miten kirjani eteneminen sujuu.
"Hitaasti", myönsin. Hän oli tällä kertaa
ystävän kanssa palauttamassa kirjoja. Hänen
ystävänsä keskeytteli meitä sen verran paljon
että hän sai minut lopulta antamaan
puhelinnumeroni heille – enemmänkin naiselle
kenen kanssa puhuin aikaisemmin kirjastossa.

Vuorokauden kuluttua hän lähetti
minulle viestin. Vastasin siihen ja aloimme
keskustelemaan lisää.. Kävimme muutama
päivä sitten treffeillä.

Hänessä on jotain mikä saa minut
tuntemaan oloni erilaiseksi. En tiedä onko se
hyvää vai huonoa erilaisuutta; Toivon, että
hyvää.

Hän kysyi käsistäni tällä kertaa – Mutta
hän kysyi hellästi, haluamatta loukata
tunteitani. Hänen reaktionsa oli..
Korvaamaton. Ensimmäisellä kerralla
kohdatessamme hän miltein juoksi minua
pakoon pelästyessään käsiäni – Tällä kertaa
hän oikeasti katsoi käsiäni tutkien mitä siinä
on (tai mikä, en osaa päättää).

Joten siinä me olimme. Tuijottelemassa
tuetonta kättäni; minä katsomassa häntä
tutkimassa kyhmyjäni. Hän oli todella
rauhallinen. Hän kertoi odottaneensa käteni
näyttävän paljon pahemmalta; että siinä olisi
arpia ja sen sellaista. En usko, että olisin

koskaan kuullut kenenkään ajatelleen käsistäni
vastaavaa. – Ei sillä, että kaikki kertoisivat
mitä he olettavat rannetukieni alla olevan.
Hänen tapansa ajatella on virkistävä ja uniikki.
Pidän siitä hänessä. Tiedätkö niitä ihmisiä
ketkä tuntuvat osaavan manipuloida aikaa?
Minä tunnen kourallisen sellaisia ihmisiä ja
kumma kyllä; Hän on yksi heistä – Aika
pysähtyy ja menee lujasti eteenpäin samaa
aikaa ollessani hänen seurassaan- Se on
yhtälailla sekavaa, mutta se ei pelota minua; se
kiehtoo.

En tiedä mihin suuntaan tämä on
menossa. En halua maalata mitään hienoja
kuvia täällä. On jo tarpeeksi häiritsevää kertoa
hänestä teille nyt jo. Hän tulee lukemaan
tämän kaikella todennäköisyydellä.

Tiedän vain, että haluan tavata hänet taas.

Luku 38.

Pimeys vetää puoleensa Hulluutta

Olen kulkenut pitkän matkan niistä
päivistä jolloin elämänhaluni oli lähes
olematon.. Synkät ajatukseni saivat minut
melkein riistämään oman henkeni – Tekemään
itsemurhan, sainpas sen sanotuksi.

Minussa on jälkiä noilta ajoilta. Kaikki
ne ajatukset vetivät puoleensa niin paljon
Hulluutta että olisi epärehellistä sanoa ettei
niistä ole jälkeäkään enää – Jäljet elävät
mieleni perukoilla suunnattomina määrinä
ahdistuneisuutta ja syyllisyyttä; Jatkan niiden
kanssa työstämistä. Vaikka jäljet eivät ehkä
näy päällepäin paljaalla silmällä, ne ovat
olemassa.

Perheeni tietävät synkistä ajatuksistani – Vaikka he eivät tiedäkään kaikkia yksityiskohtia. Ne ovat asioita mitkä pidän itselläni – Haudattuna ja Suojattuna sisälleni. En näe siinä mitään itua, että satuttaisin muita kertomalla enempää kuin on tarpeen: Olin synkässä paikassa, olin tekemässä itselleni jotain äärimmäisen typerää, mutta hainkin apua itselleni – Ihan vain huomauttaakseni; Tuo oli luultavasti lyhin tarina mitä olen koskaan kertonut kenellekään.

Kerran yksi tuttavani tuli sanomaan minulle että olen pelkuri koska en onnistunut riistämään omaa henkäni (Kyllä, kyseisellä henkilöllä oli pokkaa kutsua minua pelkuriksi siitä syystä). Muut ketkä kuulivat tämän olivat valmiita puolustamaan minua; he huusivat kilpaa siitä kuinka törkeää oli sanoa jotain sellaista minulle ja heistä osa oli aikeissa nostaa tuon tuttavan seinään.. Olin tainnoksissa hänen sanoistaan. Siltikin; kiitin tuota tuttavaa hänen rehellisestä mielipiteestään minua kohtaan. Minut on kotikasvatettu hyvin ja sen vuoksi olin kykenemätön vajoamaan hänen tasolleen – Vastaamaan johonkin noin kylmään ja julmaan samalla tavalla.

Tiedän että tuttavani sanat eivät ole totta alkuunkaan. En ole pelkuri – Oli paljon rohkeampaa minulta alkaa taistelemaan omaa sairasta mieltäni vastaan. Olen hyvin tietoinen siitä että 'synkät ajatukseni' ovat kammottavia; Ne ovat niin voimakkaita, että ne saavat muutkin ihmiset pelkäämään itseään – Ne ovat kuitenkin *minun* pääni sisäisiä ajatuksia jotka ovat tällä hetkellä olemattomia sellaisia. Siltikin ne pystyvät yhä vaikuttamaan ihmisiin ja saamaan heidät uskomaan sen olevan väärin, että seison tässä. Jos taisteleminen jotain niin voimakasta vastaan tekee minusta pelkurin.. Mitä he sitten ovat ketkä kutsuvat minua pelkuriksi? – He eivät ole tavanneet *minun* 'synkkiä ajatuksiani' henkilökohtaisesti, mutta he ovat valmiita lähettämään minut hautaani – Eikä heistä yksikään ole ollut suostuvainen tapaamaan henkilökohtaisesti yhtäkään synkkyyteni ruumiillistumaa.. Ihan vain tiedoksenne.

Ihan vain mainitakseni; Minua ei ole koskaan havaittu hulluksi, mutta en usko ettenkö olisi ollut kaukana siitä; koska kun kaikki meni elämässäni palasiksi.. Olin niin romuna ihan kaikin tavoin miten kuvitella saattaa – Olin vain ontto kuori mikä muistutti ihmistä. Hitaasti.. Minut täytti jokin mikä piti minua koossa. Se kai visuaalisesti muistuttaisi etäisesti tervaa; emotionaalisesti myrkyllistä tervaa mikä teki minut kyvyttömäksi nähdä asioita oikein. Se sai minut uskomaan että kuolemani saisi ihmiset ketkä rakastavat minua *onnelliseksi* – Heidän ei tarvitsisi murehtia minusta enää.

Kerron sinulle jotain mikä saattaa vielä pelastaa sinut:

Ihmiset ketkä välittävät ja rakastavat sinua
eivät ajattele sinun olevan taakka,
että olet jotain mistä 'heidän täytyy huolehtia'.
Heidän rakkauttaan ei tule tulkita
'huolehtimiseksi'.
Kaikista julmin asia minkä voit tehdä toisille
on evätä heiltä oikeus rakastaa sinua..

Päättää olemassaolosi.

...

Tajusin hiljattain, että unenkaltaisessa tilassani
vuosia sitten..
En kohdannut pelkästään Elämänhaluani

...

Löysin jotain.
Jotain vahvaa ja käyttämätöntä..

– Löysin Valon itsestäni millä ajoin osan
Synkyydestä tiehensä –

Luku 39.

Kehoni – Astiani

Vessel – englanninkielinen substantiivi.
Sana, mitä käytetään kuvaamaan
tyhjää instrumenttia/astiaa

Astia itsessään ei ole tärkeä vaan se,
mitä se sisältää. Ihmiskeho rinnastetaan usein
Sielun Astiaksi. Astia suojelee Sielua
ulkoiselta pahalta.

Mitään Elämässä ei luoda ilman
tarkoitusta; Astiani ei ole poikkeus. Astiani on
rikki. Se on aina ollut ja tulee aina olemaan –
Sitä ei voi kieltää. Tiedän varmaksi vain sen
että.. Vaikka tämä astia olisikin rikki, se ei ole
tarkoitukseton. Minä annan sille tarkoituksen.

Minä olen se mikä antaa sille syyn olemassaoloon; Minä täytän sen. Murtumat astiassani voivat määrätä valtaosan elämästäni, mutta sen ei ole pakko ajaa **Minua** sivuun. Minun tulee opetella välttämään sitä.

Vaikka Sieluni ei ole täysin peitossa – Joku tiesi minun olevan kyllin vahva käsittelemään astiaani sellaisena kuin se on. Sieluni on yhä ehjä, vaikka se on hieman runneltu. Kaikkia taisteluita ei voi voittaa ilman arpia, olettaisin.

Kukaan ei ole luvannut elämisen olevan helppoa. Oma elämäni esimerkiksi on yhtä järjetöntä vuoristorataa ja opettelen (yhä) kuinka ottaa ohjat omiin käsiini – Emmeköhän me kaikki yritä onnistua siinä tehtävässä?

En tiedä kuinka tai miksi.. Mutta alan päivä päivältä arvostamaan elämää mikä minulle on annettu. Ehkä tämän kirjan kirjoittamine on auttanut siinä, ken tietää? Lopullinen mietteeni asiasta on, että elämäni ei ehkä ole sellainen millainen haluaisin sen olevan – Se on sellainen millaisen tarvitsin.

Aion katsoa tämän loppuun – Sen lupauksen olen antanut itselleni.

'Hajalla' -kirjasta:

Tämän kirjan alkuperäinen teos 'My
Broken Vessel' oli ensimmäinen julkaistu
kirjani. Tämä kirja on siitä tekemäni käännös.
Kirja perustuu oikeisiin tapahtumiin
elämästäni, mutta osa siitä on täyttä
mielikuvitukseni tuotetta. Kaikenlainen
yhteneväisyys oikeisiin ihmisiin ja paikkoihin
on tahatonta ja tarkoituksetonta.

Vaikkakin tämä kirja alkoi sillä idealla,
että saisin itselleni äänen.. Haluan käyttää sitä
ääntä muihin keillä on samanlainen
/samankaltainen tilanne kuin minulla. Toivon,
että tämä kirja on avannut sinun silmäsi meille
ketkä useimmiten lymyävät varjoissa, koska
meitä vieroksutaan ja väheksytään
joukossanne eroavaisuuksiemme takia..

Eivät kaikki meistä pääse valitsemaan mitä saamme.

Jatkan kirjoittamista. Minusta tuntuu, että löysin vihdoin tyylin mitä olen etsinyt jo useamman vuoden ajan.. Varoitan sinua, että tälle kirjalle ei välttämättä tule jatkoa – Tai ehkä tuleekin, ken tietää? Elämä on arvoituksellinen; joskus niin masentava, toisinaan hyvin yllättävä asia.

Viimeisenä, muttei vähäisimpänä:

Kiitos kun luit tarinani.

Haluan kiittää myös..

- Haluan kiittää rakastavaa ja super-tukevaa perhettäni (Anteeksi, jos jotkut teistä vaikuttivat 'pahiksilta' – He eivät oikeasti ole sellaisia!!). Olette parhaita, ei mitään muttia. Äiti, rakastan sinua ja soitan vastedeskin joka päivä. Isä, kiitos että tiedät aina mitä sanoa saadaksesi minut takaisin jaloilleni. Sisarukseni; Tiedätte että rakastan teitä. Kiitos, että olette olemassa.

- Ystäväni, se pieni ryhmä teitä; Kiitos. Vaikka en olekaan parasta seuraa, teette minulle aina aikaa ja saatte minut tuntemaan oloni normaaliksi. Se merkitsee minulle Todella Paljon.

- Opettajani matkan varrelta; Kehoititte minua olemaan luovuttamatta – En luovuttanut ja tässä sitä nyt ollaan.

- Kaikki ne keitä en vielä maininnut – Kiitos teille.